本书得到教育部人文社会科学研究青年基金"顾客参与、团队学习和技术创新绩效：一项基于制造企业的实证研究"（12YJC630299）支持

信息化与区域创新能力的关系研究

张言彩 王从盛 著

中国社会科学出版社

图书在版编目（CIP）数据

信息化与区域创新能力的关系研究/张言彩，王从盛著．
—北京：中国社会科学出版社，2016.3
ISBN 978 – 7 – 5161 – 7430 – 2

Ⅰ.①信…　Ⅱ.①张…　②王…　Ⅲ.①信息化—作用—区域
经济—国家创新系统—研究—中国　Ⅳ.①F127

中国版本图书馆 CIP 数据核字 (2016) 第 051996 号

出 版 人	赵剑英	
责任编辑	卢小生	
特约编辑	林　木	
责任校对	周晓东	
责任印制	王　超	

出　　版	中国社会科学出版社	
社　　址	北京鼓楼西大街甲 158 号	
邮　　编	100720	
网　　址	http：//www.csspw.cn	
发 行 部	010 – 84083685	
门 市 部	010 – 84029450	
经　　销	新华书店及其他书店	

印　　刷	北京金瀑印刷有限责任公司	
装　　订	廊坊市广阳区广增装订厂	
版　　次	2016 年 3 月第 1 版	
印　　次	2016 年 3 月第 1 次印刷	

开　　本	710 × 1000　1/16	
印　　张	11.25	
插　　页	2	
字　　数	167 千字	
定　　价	38.00 元	

凡购买中国社会科学出版社图书，如有质量问题请与本社营销中心联系调换
电话：010 – 84083683

前　言

　　信息化水平和区域创新能力测度是当前经济学研究的主要内容之一，是学术界和产业界共同关注的热点问题。本书在借鉴国内外相关研究成果的基础上，分析了信息化和区域创新能力的内涵、要素和特征，围绕信息化推动区域创新能力发展的目标实现途径，深入探索信息化推动创新能力提升的作用，努力在以信息化手段破解经济发展难题、促进经济增长和经济发展方式转变等方面，开展探索性和开拓性的思考及研究。本书的主要研究结论如下：

　　（1）运用因子分析法，抽取了信息化和区域创新能力的因子及有效测度指标。信息化和区域创新能力测度一直是国内外学术界和管理层关注的焦点，目前已经积累了丰富的相关文献。由于测度主体和测度目的的差异以及对概念理解的分歧，在信息化和创新能力测度视角及表述方式上也存在较大差异。本书基于前人的研究，运用因子分析法，从数量众多的测量指标中抽取了信息化和区域创新能力的测量指标。研究发现，信息化包括信息化基础设施、信息化设施利用水平和信息化环境三个因子；同时，区域创新能力的因子包括创新资源因子和创新产出因子。对中国31个省市区的信息化水平和区域能力进行了测评，并分别比较了31个省市区在此方面的空间差异。

　　（2）从投入产出的系统观视角出发，证实了创新产出受到创新投入和创新环境的影响。因此，如果要提高一个国家或地区的创新能力，应积极改善创新环境，加大创新投入。另外，在我们的研究中还发现，创新环境的改善有助于创新投入的增加。

　　（3）实证检验了信息化水平对区域创新能力的贡献，结果发现，信息化对创新能力的作用是显著的。在控制了人员投入和资金投入类变量之后，运用 2009 年 31 个省市自治区面板数据的固定效应模型进行实证检验，结果显示，信息化水平能积极促进创新能力的提高。这给我们带来的启示是：在经济全球化和信息化相互交织发挥作用的时代，一个国家信息化水平的高低不仅反映着一个国家的综合竞争实力和经济发展水平，而且也反映着一个国家的创新能力。在未来信息化发展的进程中，能够在关键的信息技术领域取得重要的自主创新成果，不仅可以带动其他技术领域的自主创新，而且对实现建设创新型国家的战略目标，也会起到重要的推动作用。未来我国信息化战略的推进，无疑会成为建设创新型国家的强大动力。

（4）研究还发现，中国不同地区的信息化水平对创新能力影响具有空间差异。我们检验了东部、中部和西部地区信息化对创新能力的作用效应，发现东部地区的信息化水平对创新能力的影响非常显著，而较为贫穷的西部地区的作用则明显不足。

本书的研究可供政府在制定信息化政策和创新型国家建设发展战略时作为参考，从理论上还可丰富信息化对区域创新能力贡献的研究内容，给创新管理科学和信息经济学拓展了新的研究领域。本书的研究对于深入理解信息化对建设创新型国家的支撑作用和推动作用，进一步创新以信息化手段促进我国区域经济发展的思路、对策和措施，促进经济又好又快发展，都具有非常重要的现实和长远意义。

本书是在笔者的博士后出站报告基础上修订而成，在对外经济贸易大学国际商学院理论经济学博士后流动站的三年中，导师王永贵教授给予了学术研究方向上的指引和帮助，给我的研究提出了许多宝贵意见和建议。博士后工作期间，导师渊博的学识、敏锐的思维都给我以莫大的影响，谨向王老师致以衷心的感谢和崇高的敬意。

在本书修订过程中，淮阴师范学院经济与管理学院王从盛老师参加了修订，编撰了本书第四章和第七章，提高了本书的实践指导价值。还有很多需要感谢的同门，张毅、马双、邱琪、姚山季等同学与我进行了多方面问题的讨论，拓宽了笔者的视野，并对研究工作提出诸多建议，在此表示感谢！

　　本书的出版还要感谢相关机构的支持，首先要感谢教育部哲学社会科学研究基金会，特别是"顾客参与、团队学习和技术创新绩效：一项基于制造企业的实证研究（12YJC630299）"研究项目的资助；其次感谢黑龙江教育厅"基于服务主导逻辑范式的旅行社价值创造与业务流程研究"研究项目的支持；最后感谢中国社会科学出版社编审卢小生等人的辛勤劳动。

摘　要

信息化水平和区域创新能力是当前经济学研究的重要内容之一，是学术界和产业界共同关注的热点问题。本书在国内外相关研究成果基础上，分析了信息化和区域创新能力的内涵、要素和特征，围绕信息化推动区域创新能力发展的目标实现途径，深入探索信息化推动创新能力提升的作用，努力开拓以信息化手段破解经济发展难题、促进经济增长和经济发展方式转变。本书的主要内容如下：

（1）运用因子分析法，抽取信息化和区域创新能力的因子和有效测度指标。信息化和区域创新能力测度一直是国内外学术界和管理层关注的焦点，已经积累了丰富的相关文献。由于测度主体和测度目的的差异以及对概念理解的分歧，在信息化和创新能力测度视角和表述方式上存在较大差异。本书基于前人的研究，运用因子分析法，从数量众多的测量指标中抽取了信息化和区域创新能力的测量指标。研究结果发现，信息化包括三个因子，即信息化基础设施、信息化设施利用水平和信息化环境；同时，区域创新能力的因子包括创新资源因子和创新产出因子。本书对中国31个省市区的信息化水平和区域能力进行了测评，并分别比较了31个省市区在此方面的空间差异。

（2）从投入产出的系统观视角出发，证实创新产出受创新投入和创新环境的影响。由此得出结论，要提高一个国家或地区的创新能力，应积极改善创新环境，加大创新投入。另外，在结论中还发现，创新环境的改善将有助于创新投入的增加。

（3）实证检验了信息化水平对区域创新能力的贡献。在控制了人员投入和资金投入类变量之后，运用2009年31个省市区面板数据的固定效应模型实证检验结果显示，信息化水平能积极促进创新能力的提高。这带来的启示是：在经济全球化和信息化相互交织发挥作用的时代，一个国家信息化水平的高低不仅反映了一个国家的综合竞争实力、经济发展水平，而且也反映了一个国家的创新能力。在未来信息化发展的进程中，能够在关键的信息技术领域取得重要的自主创新成果，不仅可以带动其他技术领域的自主创新，而且对实现建设创新型国家的战略目标，也会起到重要的推动作用。未来我国信息化战略的推进，无疑会成为建设创新型国家的强大动力。

（4）研究结果还发现，中国国内不同地区的信息化水平对创新能力影响具有空间差异。我们检验了东中西部信息化对创新能力的作用效应发现，东部地区信息化水平对创新能力的影响非常显著，而较为贫穷的西部地区的作用明显不足。

本书可供政府在制定信息化政策和创新型国家建设发展战略时作为参考，从理论上还丰富了信息化对区域创新能力贡献的研究，给创新管理科学和信息经济学拓展了新的研究领域。本书研究内容对于深入理解信息化对建设创新型国家的支撑作用和推动作用，进一步创新以信息化手段促进我国区域经济发展的思路、对策和措施，促进经济又好又快发展，都具有现实和长远意义。

关键词：信息化　区域创新能力　测评　空间差异

ABSTRACT

The level of informanization and regional innovation capability measurement had been one of the main contents of the current economics research, which is the hot issues of common concern in academic and industry. Based on the analysis of relevant research results at home and abroad, this book discussed and analyzed informanization and regional innovation capability's connotations, elements and characteristics, whose goals was to promote the development of regional innovation capacity in efforts to solve the problem of economic development by in-depth exploration of informanization. That means to promote the transformation of the mode of economic growth and economic development and carry out exploratory and pioneering thinking. Main conclusions of the work were as follows:

(1) Informanization factors and regional innovation capacity factors had been extracted through the factor analysis and the effective measurement indicators had been got. Informanization and regional innovation capacity measurement have been the focus of the international academic and management and have been accumulated a wealth of relevant literature. Since the differences among the body and purpose of measurement, the perspective and formulation of conceptual measurement are quite different in the informanization and the ability of innovation. Based on the previous studies, by the use of factor analysis, informanization and regional innovation capability measurement indicators were extracted from a large number of measurement indicators. The study found that the informanization included the three factors: information technology infrastructure, in-

formation technology facilities utilization levels and information technology environment; regional innovation capability factors included innovation resource factor and innovation output factor. Evaluation of China's 31 provinces and cities in the level of information and regional capacity had been done respectively, and the spatial differences of 31 provinces and cities had been analyzed.

(2) From the input – output system perspective, we confirmed the positive effects of innovation input and innovation environment on the output of innovation. Therefore, if to improve the innovative capacity of a country or region, the environment of innovation and input of innovation should be actively increased. In addition, in our conclusion, it was also found that the improvement of innovation environment will contribute to innovation input.

(3) It had been found that the level of informanization was a significant contribution to regional innovation capability by the empirical test. With the staff inputs and capital investment variables under control, we used the fixed effects model to test the panel data of 31 provinces and cities in 2009, results showed that the level of informanization actively promoted reginal innovation capability. This brings us to the revelation: in the era of economic globalization and informanization, informanization level of a country not only reflected the comprehensive competitive strength of a country's economic development, but also reginal innovation capacity. We had got the important independent innovation achievements in the critical field of information technology in the future of informanization development process, that can not only promote other independent innovation of technology, but also achieve the strategical goal of innovative country. China's informanization strategy's forwarding will undoubtedly become a strong driving force for building an innovative country in the future.

(4) The study also found differences among the provinces and cities in the effects of informanization on innovation capability. Panel data fixed

ABSTRACT

effects model test and Wald test results showed that the coefficients of the provinces and cities in the effects of informanization on innovation capability were significantly different.

This book can be a reference for the government to formulate informanization and innovative strategy, and can be contribute to innovation management science and information economics theory research, as well a wealth of informanization on regional innovation capacity. Dissertation contents help us to understand the role in supporting and promoting of information technology on building an innovative country. It will show the very important practical and long – term significance on further using information technology to promote the development of China's regional economic, as strategies to promote sound and rapid economic development.

Keywords: informanization   regional innovation capacity   evaluation spatial difference

目　　录

第一章 绪论

第一节 研究背景

当今世界，以互联网、计算机为代表的信息技术得到了迅猛发展，引发了第三次工业革命，推动了全球产业结构转型和优化升级，带来了人类生产生活方式的深刻变化。进入 21 世纪，信息技术日新月异，其普及应用对经济、政治、社会、文化、军事发展的影响更加深刻，信息化已经成为衡量一个国家或地区国际竞争力、现代化程度、综合国力和经济成长能力的重要标志。

我国信息化建设工作得到了党和国家的高度重视，通过政策、规划、战略等手段，将信息化建设作为覆盖现代化全局的战略举措。1995 年，党的十四届五中全会通过的《中共中央关于制定国民经济和社会发展"九五"计划和 2010 年远景目标的建议》，发出了"加快国民经济信息化进程"的号召。2000 年，党的十五届五中全会指出："信息化是当今世界经济和社会发展的大趋势，也是我国产业优化升级和实现工业化、现代化的关键环节，要把推进国民经济和社会信息化放在优先位置。"2002 年，党的十六大报告提出："信息化是我国加快实现工业化和现代化的必然选择。坚持以信息化带动工业化，以工业化促进信息化，走出一条科技含量高、经济效益好、资源消耗低、环境污染少、人力资源优势得到充分发挥的新型工业化路子。"

我国正处于全面建成小康社会、加速推进社会主义现代化的新的发展阶段，同时又处于工业化中期后半阶段，信息化建设面临着全新的环境与任务。从经济发展的战略需求来看，从解决当前经济社会发展中存在的问题来看，推进国民经济和社会的信息化是化解诸多矛盾的重要手段。无论是实施科教兴国、可持续发展、西部大开发、振兴老工业基地和中部崛起战略，还是贯彻落实科学发展观，实现经济结构调整，转变经济增长方式，扩大对外开放，促进国有企业改革，增强国际竞争力，改善人民生活和构建和谐社会，都离不开信息化。党中央国务院高度重视信息化建设。2000年10月，党的十五届五中全会明确提出："大力推进国民经济和社会信息化，是覆盖现代化建设全局的战略举措。以信息化带动工业化，发挥后发优势，实现社会生产力的跨越式发展。"2002年，制定并出台我国第一部信息化专项规划，做出了"政府先行，带动国民经济和社会信息化"的战略部署。2002年11月，党的十六大政治报告进一步指出，实现工业化仍然是我国现代化进程中艰巨的历史性任务；信息化是我国加快实现工业化和现代化的必然选择；坚持以信息化带动工业化，以工业化促进信息化，走出一条科技含量高、经济效益好、资源消耗低、环境污染少、人力资源优势得到充分发挥的新型工业化道路。党的十六届五中全会提出的《中共中央关于制定国民经济和社会发展第十一个五年规划的建议》（以下简称《建议》）强调，推进国民经济和社会信息化，加快转变经济增长方式；中共中央办公厅、国务院办公厅印发了我国第一个信息化建设的系统纲领《2006—2020年国家信息化发展战略》，明确提出到2020年我国信息化发展的战略目标。十八大报告也充分肯定了"信息化"在社会经济发展中的地位和作用，全文不仅有19处提及信息、信息化、信息网络、信息技术与信息安全等关键词，更是明确把"信息化水平大幅提升"纳入全面建成小康社会目标之一，并明确提出"坚持走中国特色新型工业化、信息化、城镇化、农业现代化道路，推动信息化和工业化深度融合、工业化和城镇化良性互动、城镇化和农业现代化相互协调，促进工业化、信息化、城镇化、农业现代化同步发展"。这必将对今后十年我国信息通信业发展产生重大而深远的影响。

经过多年发展，我国信息化已具备了一定基础，信息产业的发展、信息技术的进步与广泛应用，对经济增长的推动作用日益突出。截至 2014 年 4 月底，电信产业营业收入为 4539.4 亿元，信息产业的长途电话交换机容量为 26176.3 万户，移动电话交换机容量为 125186.7 万户，长途光缆线路长度为 818133 公里，互联网宽带接入端口为 19642.2 万个，移动互联网接入流量为 55097.4G。① 信息产业已成为国民经济重要的支柱产业之一。

改革开放 30 多年来，我国经济快速发展，取得许多令世界瞩目的成就。但依靠"三高一低"的增长方式已使我们感受到一种现实压力，这种粗放的、劳动密集型的产业发展模式，越来越受到能源、资源、环境等的约束，对可持续发展极为不利。在这种情况下，向创新驱动型经济形态的转变已成为必然选择。因此，在 2006 年提出的《国家中长期科学和技术发展规划纲要（2006—2020）》（以下简称《纲要》）中，明确提出要全面推进中国特色国家创新体系建设，制定了到 2020 年建设成创新型国家的战略目标，为我国今后经济和科学技术的发展指明了道路。

由于种种原因，中国技术创新能力在国际上的地位一直不容乐观。据统计，目前我国拥有自主知识产权和核心技术的企业仅占总数的 60%，企业对外技术依赖度超过 50%，而美国、日本企业的对外技术依赖度仅为 5% 左右，世界上的创新型国家，一般在 30% 左右。由此可见，提升区域创新能力是世界后发区域缩小同先发区域技术和经济差距的必由之路。

从 1999 年开始中国科技发展战略研究小组，已经连续公布 13 部《中国区域创新能力报告》。报告显示，中国各区域之间的创新能力存在很大差距。区域创新能力决定了一个区域长期的经济竞争力，因此，中国各区域之间创新能力的差距预示着今后几年各地的经济发展趋势。提升区域创新能力既是中国先发区域赶超发达国家

---

① 数据来自工业和信息化部发布的《2014 年 4 月通信业主要指标完成情况》。

需要解决的迫切问题，更是中国后发区域脱贫解困急需解决的迫切问题。

在"十二五"乃至整个现代化建设过程当中，如何进一步发挥信息化在促进国民经济增长、促进经济增长方式转变、促进经济社会协调发展等方面的巨大作用，信息化对区域创新能力的推动作用，是一个十分紧迫而有价值的研究课题。

第二节　研究意义

信息化虽然是一个新概念，但其涉及范围极为宽泛，带来的问题极其深刻，需要研究的内容也极为丰富。无论国内还是国外，由信息化引发的经济、政治、社会、文化、军事、科技等深层次问题的研究，在理论上和实践上都具有重要的价值，可以说是一个大有可为、值得开拓的学术研究的"新边疆"。信息化所带来的不但是一场产业技术革命，也是一次深刻的经济社会变革，探究信息化对区域创新能力的作用和影响具有重要意义。与世界发达国家和地区相比较，我国信息化建设起步比较晚，直到1997年，国务院信息化工作领导小组才正式提出国家信息化定义。我国有关学者在信息化测度以及信息化建设对我国区域经济社会发展的影响作了一些研究，但大都是定性分析以及文献综述，没有达到一定深度。

多年来，众多专家学者在各自的研究领域中做了很多探索，取得了不少成果，但相比如火如荼的信息化实践，信息化理论研究工作还显得薄弱和欠缺，并成为信息化进一步发展的"瓶颈"。如何抓住当今信息化发展的历史性机遇、加大信息技术推广应用、发展信息产业、开发利用信息资源、大力推动信息化与工业化融合，如何以信息化提高劳动生产率、调整经济结构、提高经济增长质量，推进创新型国家的建设已经成为具有重要的现实意义和理论价值的研究课题。本书正是基于此认识而展开信息化对区域创新能力的贡献研究。

在经济区域化、知识经济背景下，信息化和创新能力成为推动区域发展的重要动力，需要研究信息化和区域创新能力的内涵、特征、结构及测评，通过分析信息化和区域创新能力形成过程中内部要素与外部区域环境互动联系，探讨区域创新能力提升机制，识别区域创新能力驱动因素。根据研究，目前仍然存在以下问题尚未解决，诸如什么是区域创新能力？区域创新能力的本质特征是什么？它与区域创新能力、企业创新能力区别是什么？区域创新能力与区域资源、文化、社会资本联系是什么？这些问题都缺乏深入研究。事实上，那些根植于本地物质和人文因素、文化特性等内部因素对区域经济发展起着重要作用。有些区域经济与当地物质、人力、文化资源相结合，形成较强的创新能力。区域创新能力测评不够准确。现有研究多数建立了线性测评模型，而且测评指标权重确定缺乏科学依据，受主观因素影响较大。创新是一个复杂的非线性过程，应该构建非线性模型，因此需要构建区域创新能力的非线性测评模型。区域创新环境内涵丰富，信息化是其中的构成成分，信息化对区域创新能力的驱动机制是什么样的？信息化本身的构成要素也异常丰富，这些信息化的构成对区域创新能力的驱动是否存在差异？这些因素如何推动区域创新能力作用？这些问题都在制约着信息化发展和区域创新能力的提升。因此，本书期望通过对信息化和区域创新能力内涵、结构的研究，揭示信息化和区域创新能力本质特征，寻找客观测度信息化和区域创新能力的科学方法。通过对区域创新能力提升过程的研究，探讨信息化对区域创新能力的贡献，构建区域创新能力提升机制。

本书在分析研究国内外相关研究成果基础上，研究分析信息化的内涵、要素和特征，围绕信息化推动创新型国家建设的实现途径，从内生机制、动力机制、环境机制等方面，深入探索信息化对区域创新能力的作用机理，构建信息化对区域创新能力贡献的结构模型，努力在以信息化手段破解经济发展难题、促进经济增长和经济发展方式转变、加快信息化与创新型国家建设的融合，开展探索性和开拓性的思考与研究。本书的研究可供政府在制定信息化政策和创新型国家建设发展战略时作为参考，从理论上还可丰富信息化对区域创新能力贡献的研究内容，创新了管理科学和信息经济学的研究领域。本书的研究内容对于深入理解信息化对建设创新型国家的支撑作用和推动作用，进一步创新以信息化手段促进我国区域经济发展的思路、对策和措施，促进经济又好又快发展，都具有现实和长远意义。

第三节　研究目的

本书目的在于为信息化和区域创新能力提升提供理论支撑。本书沿着信息化与区域创新能力内涵—结构—测评—相互作用—提升策略的路线，研究信息化与区域创新能力测评与提升机制。具体来说，研究目的如下：

（1）对信息化和区域创新能力的相关概念进行表述、界定、澄清与辨析。

（2）梳理现有信息化测评模型，建立信息化水平的测评体系。

（3）整理现有的区域创新能力的测评模型，建立区域创新能力的测量体系。

（4）剖析信息化与区域创新能力之间的作用关系。运用因子分析、面板数据模型等方法检验信息化与区域创新能力之间的因果关系。

（5）从信息化影响区域运行机理出发，以资源、区位、空间相互作用为切入点，研究信息化对区域创新能力反馈作用以及可能产生的空间效应，分析均衡发展或者失衡发展的信息化给予区域创新能力的正负影响，探讨信息化导致区域趋异或趋同的可能性。

（6）探寻区域创新能力省域空间差异。

（7）对经典区域发展及空间结构理论进行梳理，根据信息化和区域创新能力对区域依赖性和影响力的不同，提出信息化和区域创新能力统筹发展的政策体系、空间布局与重点领域。

第四节　基本概念定义

一　信息化

信息化概念起源于 20 世纪 60 年代的日本，一开始是从社会产业结构演进角度提出来的，实际反映了一种起源于日本的有关社会发展阶段的新学说。1963 年日本社会学家梅棹忠夫，在《信息产业论》一书中不仅率先提出了"信息社会"是人类社会的未来走向，而且向人们全面展示了"信息革命"的前景并勾勒出"信息化社会"的蓝图。在他看来，人类社会是一个漫长的发展过程，而推动其发展的动力就是产业的不断升级、进化。因此，继传统社会、工业社会和工业社会后期之后，人类将会进入一个以信息产业为主导地位的新时代——信息时代。

但他的这一精辟论述并未得到普遍认可。关于"什么是信息化"，学者们定义不尽相同。有的学者认为，"反映了可触摸的物质产品起主导作用向难以触摸的信息产品起主导作用的根本性转变"，信息化是一个内涵深刻、外延广泛的概念，从内涵的角度来考察，它包括两个方面：一方面指信息的利用非常广泛，信息观念深入人心；另一方面指信息技术产业的高速发展，信息咨询服务业的高度发达和完善。从外延的角度来考察，它指一个国家或地区的信息环境。还有人认为，所谓信息化，是指社会经济的发展，从以物质与能量为经济结构的重心，向以信息为经济结构的重心转变过程；在这个过程中，不断地采用现代信息技术装备国民经济各个部门和社会各个领域，从而极大地提高社会劳动生产率。

关于信息化内涵的研究，形成以下学派：

（一）社会历史学派

20 世纪下半叶，众多社会学家、未来学家从人类社会发展规律的研究中提出了未来经济的走向，揭示了未来社会的经济形态，提出了后工业社会、信息社会、信息经济概念，也描绘了信息化的基本轮廓。

1973 年，美国社会学家丹尼尔·贝尔在其所著的《后工业社会的来临》一书中发展了"信息经济"概念，并首次使用"后工业社会"的概念，强调理论知识的中心地位。新技术、经济增长和社会阶层的划分，都将以理论知识为中心。他认为，后工业社会的经济特征是从产品生产经济向服务性经济转变，在新的社会发展阶段，经济活动的基本战略资源、工具、劳动环境、文化观念都将发生一系列变化。

1977 年，法国的西蒙·诺拉和阿兰·孟克在为法国政府撰写的经济发展报告《社会的信息化》中首次使用了法文"信息化"一词。随即这一单词的英译"Information"开始广泛传播。

美国未来学家阿尔温·托夫勒把人类社会的发展过程划分成三个阶段、"三波"或"三次浪潮"，其中第一个阶段是以农业经济为基础的农业社会，第二个阶段是以工业经济为基础的工业社会，第三个阶段则是以知识经济为基础的信息社会。1980 年，托夫勒在其著作《第三次浪潮》中提出"后工业经济"概念。

1977 年，美国斯坦福大学博士马克·波拉特（M. V. Porat）在美国商务部资助下完成了《信息经济：定义与测量》9 卷巨著。波拉特从经济活动的一般性及信息相关概念出发，首先把经济活动分为两个范畴，一是涉及物质和能源从一种形态转化为另一种形态的领域，二是涉及信息从一种形式转换到另一种形式的领域；其次，给出了信息、信息资源、信息劳动、信息活动和信息产业等一系列既有经济含义又能计量的定义和测度方法。波拉特将信息产业分为第一信息部门和第二信息部门。第一信息部门是指直接向市场提供信息产品和服务的部门，第二信息部门是指信息劳务和资本提供内部消耗，不进入市场的信息服务部门。信息生产包括知识生产和发明性产业、信息交流和通信产业、风险经营产业、调查和协调性产业、信息处理和传递服务产业、信息产品制造业、与信息市场有关的部分活动和信息基础设施产业等。据此，波拉特测算出 1967 年美国 GNP 中有 46% 与信息经济活动有关，约有半数劳动力与信息职业有关，就业者的收入有 53% 来自于与信息有关的职业。从而指出，20 世纪六七十年代，美国等发达资本主义国家先后由工业化，科学地预测了信息革命将给人类社会带来一场新的巨变。1990 年，他在新著《权力转移》里更鲜明地提出：随着西方社会进入信息时代，社会的主宰力量将由金钱转向知识。1982 年，美国未来学家约翰·奈斯比特在《大趋势》中提出"信息经济"，以新型经济的主要支柱产业命名这种经济。他认为，"在信息社会，价值的增长是通过知识实现的，知识是一种完全不同类型的劳动"。1994 年日本学者伊藤阳一在《信息化与经济发展》一书中指出，信息化即信息资源（包括知识）的空前普遍和高效率的开发、加工、传播和利用，人类的体力劳动和智力劳动获得空前的解放。

（二）经济学派

1962 年，美国经济学家弗里茨·马克卢普（Fritz Machlup）发表了《美国的知识生产和分配》，详细分析和论证了知识和信息在经济发展中的作用。他根据美国从第二次世界大战以来至 50 年代末的社会生产发展和产业结构变化的背景，首次提出了"知识产业"的概念。

美国经济学家乔治·阿克尔洛夫（Geoge Akerlof）、迈克尔·史宾斯（Michael Spence）和约瑟夫·斯蒂格利茨（Joseph Stiglitz）提出了非对称信息条件下市场运作理论。这一理论被广泛应用于农产品、工业品、技术、金融等各种市场运作。他们研究发现，由于市场信息不对称，对市场的运行带来很大影响，而人们平时观察到的许多不易理解的现象都可以用不对称信息来解释。

总而言之，我们认为，信息化是指人们凭借现代电子技术等手段，通过提高自身开发和利用信息资源的智能，推动经济发展、社会进步乃至人们自身生活方式变革的过程。考察信息化对经济发展的贡献程度或信息经济对经济增长的影响程度，有助于了解掌握信息经济发展规律，对信息经济的理论研究和实践探索有指导意义。这一研究不能仅仅依靠定性分析，还必须要有相应的定量测算、分析。只有综合定性分析与定量分析才能从整体上科学地判断信息化产生的影响。对信息化水平的测度是基础性工作，它可以描述研究区域中信息经济发展环境，同时也是测度信息经济对国民经济的影响和预测信息经济发展趋势以及制定相应对策建议的前提。

二 区域创新能力

20 世纪初，熊彼特提出了"创新"概念，并形成创新理论。20 世纪 50 年代形成了技术创新学派和新制度学派。随着社会、经济变革和科学技术进步，创新发生了很大变化。国外学者先后提出了技术推动模式、市场需求拉动模式、技术与市场交互作用模式、一体化模式、链环模式等创新模式。克林和奥森伯格（Kline and Osenberg）提出链环模型，将技术创新活动与现有知识存量和基础研究联系起来，揭示了创新各环节多重反馈关系，创新被看作非线性、相互依赖的过程。创新具有非线性、互动性、合作性等特征，强调内部创新资源与外部知识源的结合，强调企业所处环境对创新过程的影响。创新过程已经从线性模式演变为网络模式，创新系统概念应运而生。伦德瓦尔（Lundvall）提出了"创新系统"概念，1987 年开始研究国家创新系统，1990 年，库克和摩根（Cooke and Morgan）提出区域创新系统，开创了区域创新研究新领域。拉尔（Lall）指出，创新能力是为了有效吸收、掌握需要的知识和技能，提升现有生产技术和创造新技术的能力。福斯（Foss）认为，区域创新能力根植于企业内部网络、个人之间内在联系。那些知识大部分是隐性知识，模仿很困难。库克认为，通过企业与大学或研究机构互动，小企业与大企业之间互动，与区域资源、社会资本、文化相结合，形成特定的区域创新能力。托米（Tomi）认为，创新能力是社会行为主体（个体、组织或网络）在创新活动中所具有的对环境变化做出反应的能力和利用现有资源的能力。里德尔和施沃（Riddel and Schwer）把区域创新能力定义为区域内不断地产生与商业相关联的创新的潜力。

区域创新能力由若干要素组成，通过相应联系方式形成创新能力结构。Romijn 和 Albaladejo 从网络角度提出企业创新能力结构。企业创新能力包括内部资源和外部资源两部分。

内部资源包括：①企业家或创业者原有的教育背景或先前的工作经验，这些背景、经验能够影响其创新决策；②劳动者的专业技能，现有的企业员工技能是企业创新起点，影响着企业创新方向选择；③企业内部为提升技术能力所做的种种努力，包括学习、培训、合作创新、技术联盟等。

外部资源反映企业通过与创新参与者互动，从外部获取新技术、知识等资源。外部资源包括：①与不同代理机构、公共机构之间的网络联系强度，联系越密切越有利于交换技术秘密；②与网络相联系的地理邻近优势；③企业所得到的制度支持。该模型从微观层面部分揭示了企业与其他创新主体之间的互动关系。但是，尚未研究互动方式如何进行，需要从区域层面研究区域创新能力结构。

第二章　文献综述

第一节　信息化研究

一　内生经济增长理论

内生经济增长理论的产生，不仅有其理论发展的客观需要，还有其深刻的现实背景。该理论发源于 20 世纪 70 年代，发达国家经济开始陷入长期滞胀，通货膨胀率居高不下。与之相反的是，一些发展中国家和地区适时采取了进口替代和出口扩张等发展策略，经济持续高增长，与发达国家的经济差距不断缩小。严峻的经济增长现实促使经济学家将注意力转移到经济增长问题上来，以寻求相应政策药方，促进经济增长率的提高。同时，随着科技和经济全球化进程的不断深化，知识经济初见端倪，西方国家的经济日益变得以知识为基础。科技革命和知识经济所带来的深刻变化也要求经济理论做出相应说明，一些经济学家开始修正传统的生产函数，直接将知识和技术纳入生产函数，从新的角度处理和考察知识积累和技术进步对经济长期增长的影响，他们在经济增长问题上的研究努力最终导致了内生增长理论的产生。

内生经济增长理论的萌芽最早产生在 20 世纪 60 年代。早在 1962 年，阿罗（Arrow）发表了《干中学的经济学应用》一文，探讨了技术进步内生性的问题并提出了"干中学"概念，将技术进步纳入经济增长模型进行分析。阿罗假定，技术进步或生产率提高是资本积累的副产品或投资产生的溢出效应，厂商可以通过"学习"

来提高其生产率。据此，阿罗将技术进步的一部分作用内生化了。

20世纪80年代中期，罗默的博士论文《递增报酬和长期经济增长》以及1994年发表的《内生经济增长的起源》，卢卡斯1988年发表的《论经济发展的机制》等文章，在对新古典增长理论重新思考基础上，提出了"内生技术进步"为主要内容的论文，对经济增长理论做出了新的贡献。与新古典增长理论相比，内生经济增长理论的突出之处是强调经济增长不是由外部力量引起的，而是内部因素（如内生技术进步）的产物。该理论认为，将技术进步具体化为专业性知识，强调专业知识和人力资本积累是现代经济增长的主要推动力，可使经济产生递增收益，因此知识和人力资本的积累程度，决定了经济增长。

关于内生经济增长理论的研究基本沿两条主线展开。一条是将知识转化为技术，即知识的积累导致技术进步，其中知识又可以细分为两种类型，一种是"干中学"，主要强调实践和经验对于知识的重要性；另一种是R&D模型，主要强调通过新技术的研发来推动知识的发展。另一条是将技术界定为资本，即通过人力资本这个更为广泛的概念来解释经济增长的原因。

二　信息化定义

20世纪70年代以后，世界范围内一批专家、学者再次掀起了对未来社会发展前景的探讨和预测，出版了一系列专著，同时也使得信息化一词开始被人们普遍接受。其中，最具影响的有，丹尼尔·贝尔的《后工业社会的来临：对社会预测的一种探索》、奈斯比特的《大趋势——改变人们生活的10个新方向》和托夫勒的《第三次浪潮》。而信息化概念真正达到家喻户晓是由于20世纪90年代初美国副总统戈尔致力于"信息高速公路"建设，以及由此而引发的美国经济持续10年高增长、低通胀的"新经济"启示。1977年，法国诺拉和艾伦（Nora and Alan）发表了《社会的信息化》政府报告，探讨了信息化社会的模式、结构、特点和社会信息化的政策、机理与挑战，并使用法文"信息化"一词，随即被译为"informanization"。1974年，丹尼尔将社会发展分为三个不同阶段，即前工业社会、工业社会和后工业社会，三个阶段区分的主要依据是信息、资源和原料。后工业社会就是信息社会。1980 年，托夫勒（Toffter）提出知识为资本不但可以创造财富，而且可以创造更多的知识。1982 年，奈斯比特指出，自 1957 年苏联发射了第一颗人类地球卫星标志着信息革命的开始。1983 年，日本经济学家松田津在《信息社会》一文中认为，"信息社会的主导工业是智力工业，其核心是知识工业"。1985 年，东京大学竹内启认为，信息化有两方面含义：一是基于微电子学的信息处理、信息通信技术的发展及其广泛应用普及；二是其结果使大量信息在社会上流通、储存和被使用，信息化是第三次产业革命。1989 年，苏联的拉基托夫认为，信息化核心问题是建立生产知识的信息工艺，而加波奇夫认为，任何一个国家参与全球信息化过程的程度已经成为衡量其发达程度的标准。1998 年，日本立教大学齐藤清一朗认为，信息网络的技术革命，形成了作为新基础产品的全球性金融产业。

1984 年，美国企业家保罗·霍肯在《下一代经济》中提出："信息经济"的对立物是"物质经济"。每一项劳动，每一件产品，都包含物质和信息两个部分。如果物质部分所占的比重大，就是"物质经济"；如果信息部分所占的比重大，就是"信息经济"。他认为，所谓信息经济，就是使用更多的信息和知识，消耗较少的能量和材料，生产出质量更好、人们更喜爱的商品的经济。

进入 20 世纪 90 年代，知识、技术和信息已成为经济和社会发展的关键环节。90 年代初，彼得·德鲁克在他的新作《下一个社会的管理》一书中提出，"下一个社会将是知识社会，知识会成为社会的关键资源"，"知识技术人员可能成为未来数十年中社会甚至政治的主导力量"。

信息化概念在我国是从 1986 年在首届中国信息化问题学术讨论会上正式提出的。与会专家在讨论信息化的重要性和中国研究发展信息化的迫切要求时指出，中国只有大力推进信息化才能加快现代化进程。这次会后出版的《信息化——历史的使命》中，将信息化定义为是国民经济中信息部门不断壮大的过程，这个过程也是"国民经济和社会结构架构重心从物理性空间向信息和知识性空间转移的过程"。

我国经济学家乌家培认为，"信息化是信息活动（包括信息的生产、传播和利用等）的规模相对扩大及其在国民经济和社会发展中的作用相对增大的过程，信息化同工业化、现代化一样，具有特定内容的发展过程，尽管反映其水平、程度的指标可以作为目标去争取加以实现，但是信息化本身不是目的，使人类社会从工业社会发展成为信息社会，才是信息化的目的"。"信息社会是信息产业高度发达且在产业结构中占据优势的社会，而信息化是由工业社会向信息社会前进的动态过程，它反映了从有形的可触摸的物质产品起主导作用的社会到无形的难以触摸的信息产品起主导作用的社会的演化或转型。"

1993 年 11 月，中国社会科学院与 21 世纪电讯、信息与经济合作组织 TIDE（2000）合作召开的"信息化与经济发展国际研讨会"，会议纪要从多个方面对"信息化"一词进行了界定。从信息技术应用角度指出，信息化是指通信现代化、计算机化和行为合理化的总称，社会计算机化的程度是衡量社会是否进入信息化的一个重要标志；从产业结构的演进角度指出，信息化是生产特征转换和产业结构演进的动态过程，这个过程是以物质生产为主向以知识生产为主转换，由相对低效益的第一产业和第二产业向相对高效益的第三产业演进；从经济发展方向和三大资源转换角度指出，信息化是指经济发展从以物资和能源为基础向以知识和信息为基础的转变过程；从社会发展角度指出，信息化是人类社会从工业社会向信息社会前进的动态过程。信息化是一个过程，与工业化、现代化一样，是一个动态变化的过程。这个过程包含三个层面和六大要素。所谓三个层面：一是信息技术的开发和应用层面，是信息化建设的基础；二是信息资源的开发和利用层面，是信息化建设的核心与关键；三是信息产品制造业层面，是信息化建设的重要支撑。这三个层面是相互促进、共同发展的过程，也就是工业社会向信息社会、工业经济向信息经济演化的动态过程。在这个过程中，三个层面是一种互动关系。所谓六大要素是指信息网络、信息资源、信息技术、信息产业、信息法规环境与信息人才。

这三个层面和六大要素的相互作用过程就构成了信息化的全部内容。信息化就是在经济和社会活动中，通过普遍采用信息技术和电子信息装备，更有效开发和利用信息资源，推动经济发展和社会进步，从而使因为利用信息资源而创造的劳动价值在国民生产总值中的比重逐步上升直至占主导地位的过程。从生产力的构成要素来看，信息化的发展促进了网络经济的产生，构成生产力的要素发生了相应的变化，信息已成为生产力的一个重要构成要素，并不断占据生产力要素的主导地位。一是使生产力的首要因素劳动力对其信息化能力的依赖空前增强，并促进新型信息劳动者的出现与快速增加。二是使生产力中的活动因素劳动工具网络化、智能化，信息网络本身也成了重要的劳动工具。1994 年美国生产的波音 777 飞机，零部件由英国、法国、美国、日本、加拿大的大公司承包生产，从设计、图纸绘制、修改及鉴定都是通过互联网进行，各种零部件达到高度精确的程度，最后一次组装成功，大大提高了工效。三是使不可缺少的生产要素劳动对象能够得到更好利用，并扩大涵盖范围，数据、信息、知识成为新的劳动对象。四是使生产力中起带动作用的科学技术大显神威。信息技术成了高科技的主要代表，它对经济和社会的渗透作用和带动作用不断强化。信息技术对国民经济的发展有较大的倍增效应。信息技术在改造我国传统产业中的投入产出比通常为 1:22，有的可达到 1:100 以上。采用信息技术可以缩短产品从设计到投产时间的 30%—60%，降低废次品率 80%—90%，提高设备利用率 2—3 倍，降低土木工程设计成本 15%—30%，促进经济效益的平均倍增比率为 1:3。五是对生产力有长期潜在作用的教育更加信息化、社会化和全球化。六是管理对生产力发展的决定性作用更加强化，管理科技也成了高科技。管理信息化已发展到内联网、外联网、国际互联网阶段，并与各种业务流程的信息化相融合。信息既是管理的基础，又是管理的对象。信息管理、知识管理日益成为管理的重要部分和新型的模式。七是作为生产力特殊要素的信息与知识，通过对生产力其他要素（劳动者、劳动工具）的重大影响和通过这些要素的有序化组织和总体性协调，发挥其物质变精神、精神变物质两个过程相互结合的特殊作用。

中国信息化专家、信息产业部副部长吕新奎在《中国信息化》一书中对信息化做了较全面叙述，他认为，信息化是人类社会发展的一个高级进程，它的核心是通过全体社会成员的共同努力，在经济和社会各个领域充分应用基于现代信息技术的先进社会生产工具，创造信息时代社会生产力，推动社会生产关系和上层建筑的改革，使国家的综合实力、社会的文明素质和人民的生活质量全面达到现代化水平。

三　信息化水平测度

测度信息化水平是对社会的信息和信息能力方面的度量，同时反映开发、利用信息资源的程度，是对信息经济的宏观测度。从马克卢普和波拉特起，对信息化水平测度的研究工作就没有停止。大多数测度信息化水平的研究是依据统计数字构造测度体系完成的。一般来说，信息化水平测度体系是分层次的指标体系：第一级指标是信息化水平，第二级指标是信息化水平的各个方面或要素，第三级指标是反映信息化某一方面或要素的具体指标。在得到具体指标数据后将其进行线性加权，得到信息化水平指数。

在测度内容上，基本上是将信息化水平分为信息资源本身的储备状况和对信息资源的利用状况两部分。由于研究侧重点不同，不同信息化水平测度体系也各有侧重。比如，波拉特方法的主要目的是测算信息经济或信息化对国民经济增长的贡献。

在马克卢普基础上，1977年，波拉特提出了一套新的可操作的方法。该学说认为信息经济的发展主要靠两大信息部门的发展来构成。第一部门表示直接产生信息和知识并加以处理的部门，第二部门则表示"消费"信息的部门，即所有消耗信息服务的政府部门和非信息企业部门。波拉特认为，并且也被以后的多项研究，包括针对我国的研究所证实，第二信息部门对信息经济的贡献起着重要的作用。为进行信息经济的投入产出分析，波拉特提出了一套依据一般的投入产出数据编制信息投入产出表的理论与方法，并利用美国国家统计数据具体地测算了美国信息经济的 NGP 值和就业人数，第一次使人们对美国的经济结构和性质有了比较清晰的认识。

日本经济学家小松畸清于 1965 年提出信息化指数法。信息化指数模型由 4 个二级指标和 11 个三级指标构成。包括信息量（间接表示信息装备水平和信息服务业的发展）、信息装备率、通信主体水平（人才结构和第三产业发展水平）和信息系数（消费者基本生活费用之外的投入）几个方面。这种方法简单易操作，被包括我国在内的很多国家所广泛采用。还有一些有关信息化水平测度的研究。如：80 年代中期，联合国教科文组织提出信息利用潜力指数法，并进行了一些实际测度研究。1982 年，美国的克特·厄斯运用三因子多参数模型分析了 87 个欠发达国家的信息活动与经济社会发展的相关性。维亚斯和威廉姆（Vijyas and William，1994）从获得竞争优势出发提出了评价企业信息化的指标体系，包括 7 个因素共 29 项指标。拉维（Ravi et al.，1999）等从保持竞争地位出发提出用 15 项二级指标对一级指标（竞争重点）进行细化评价企业信息化。纳格林汉姆（Nagalingam，1997）和林（Lin，1999）从实现战略目标出发评价企业信息化，应用多目标综合评价方法，将每一战略目标细化为多项可操作的分目标，组成评价指标体系，采用专家系统进行评价。

在国外研究工作基础上，国内学者研究了适合中国国情的信息化水平测度方法及指标体系。贺铿（1989）在波拉特理论基础上，提出一种依据"全口径"投入产出表编制信息投入产出表的方法。靖继鹏、王欣（1993）应用动态观点分析了信息产业含义、结构及信息产业应遵循的 4 个定律，除全面对马克卢普与波拉特的方法进行比较外，还对日本学者的社会信息化指数法进行了评价，并对其做了全面修改。曾昭磐（2001）提出一种基于"全口径"投入产出表（119 部门）编制信息投入产出表（36 部门）的矩阵方法，可以简化编表计算。信息产业部（2001）发布《国家信息化指标构成方案》，对于科学评价国家及地区信息化水平，正确指导各地信息化发展具有重要意义。宋玲（2001）出版《信息化水平测度的理论与方法》，总结了国民经济信息化水平测度理论及方法。国家信息化测评中心（2004）推出了第一个中国企业信息化指标体系，该指标体系第一次将"建设有效益的信息化"要求以评价指标的形式落到实处，第一次提出从效能角度评估企业信息化水平，建立企业信息化标杆库，构成可以反映统计规律性的基本数据库，并以此作为重要刻度之一，准确评价企业信息化水平及效益水平。

朱幼平（1996）根据保罗·罗默提出的新经济增长理论和柯布—道格拉斯生产函数的变形形式认为，在现代社会，除资本和劳动外，决定经济增长的第三个因素是信息要素（包括科技进步），而不是单纯的科技进步，并对1980—1992年中国实际GDP与信息、资本和劳动要素用C—D函数进行回归分析，得出信息要素对国民经济增长的贡献最高（系数为0.0841597），其次为劳动要素（系数为0.0697838），最后是资本要素（系数为0.02555）。郭东强、王志江（2000）在产出增长型生产函数基础上，提出了测算企业信息化投入对企业产出增长贡献的数学模型，为定量评价企业信息化建设的作用提供了理论依据。王志江、郭东强（2001）用数据包络分析方法，讨论了企业信息化建设投入产出的相对有效性问题，并且对非DEA有效性的决策单元在投入产出方面进行了调整，使之达到相对有效。马生全、张忠辅、曹颖轶（2003）基于索洛余值理论思想，结合西北少数民族地区实际，从理论上给出西北少数民族地区信息化建设投入对经济增长作用的数学模型。国家统计信息中心的测算体系和国家信息产业部2001年颁布的《国家信息化指标构成方案》是为了了解中国信息产业发展水平在国际上的地位，摸清中国各地区信息化的发展水平，包含的指标比较全面。陈禹、谢康等提出的信息资源丰裕系数主要用于计算信息资源储备与发展能力。

信息经济界线的划分不明显使研究人员对信息化及相关概念理解不同，这也是造成不同测度体系差异的原因。比如，在测算信息产业发展状况时，涉及信息产业的部门分散在第二、第三产业中；

第二产业中的信息产业部门又不完全都是信息工业，比如，造纸业和纸制品业就不能完全划归到信息产业中，因此有文献提出将该部门算作信息产业部门，但没有说明这种计算的依据。在实际应用时主要有两种方法处理这个问题。一是直接用第三产业代替信息产业，因为信息产业的大多数部门属于第三产业，二是用信息产业中有代表性的部门代替整个信息产业，前者如国家社会基金项目"中国社会信息化进程的测度分析"论文组的指标体系，后者如国家统计信息中心的指标体系中用信息技术产业代替信息产业。

现行经济统计指标体系的局限性对测度体系指标选取影响较大。现有的国民经济统计指标和统计方法是面向物质经济的。信息和信息活动的贡献被分散到物质经济的各产业部门和活动领域，没有独立列项分类统计。因而，在对信息经济测算时必须从其他产业部门或经济活动中抽取与信息有关的因素，这样做，既无统一标准也没有明确的界线。因此，在选择具体指标计算信息化指数时必然加入主观判断，这就使信息化测度体系的客观性和准确性受到挑战。其他测度信息化水平的工作还有张启人在 UITE 模型基础上重新设计的信息化加权评价指标体系；我国学者在国家信息化指标方案的基础上，围绕城市信息化基础设施、城市信息化支撑环境和城市各领域信息技术应用水平三方面，设计了包含 15 项指标的城市信息化测评指标方案；国际电联 1995 年提出的评价西方七国信息化发展程度的信息化评价指标体系；OCED 提出从知识投入、知识存量、知识网络和知识学习四方面测度知识经济等。

除了信息经济界线划分不明显和现行经济统计指标体系的局限性之外，测度信息化水平的困难还在于信息的不可计量性。以上困难体现了信息经济和信息化水平测度问题的复杂性，信息化水平测度问题属于复杂性问题。

《中国信息化水平综合指数测算与评价的指标体系》主要依据国务院信息化工作领导小组提出的中国国家信息化的定义和信息化体系的框架。国务院信息化工作领导小组在 1997 年提出了国家信息化的定义：国家信息化就是在国家统一规划和组织下，在农业、工业、科学技术、国防及社会生活各个方面应用现代信息技术，深入开发、广泛利用信息资源，加速国家实现现代化的进程。全国信息化工作会议还确定了国家信息化体系框架，包括信息资源、国家信息网络、信息技术应用、信息产业、信息化人才和信息化政策法规六个方面。

四　信息化对国民经济的影响

多年来，在信息化对经济增长、产业发展和企业运行影响等方面，国外信息化理论和实践工作者已经进行了不少探索。

鬼木朴认为，日本 1975—1985 年的经济增长，有大约 15% 的比例由信息产业发展所带动。耀西（Yosri）通过对食品产业的研究，分析了 IT 支出与税收贡献之间的关系。哈拉卡（Dholakln，1994）对美国经济发展和信息设施进行了计量分析，认为 1990 年美国基础电信设施与美国经济发展相关程度最大。德旺和克雷默（Dewan and Kraemer）就信息产业对 GDP 的发展影响进行了实证研究，通过对 36 个国家从 1985—1993 年的数据分析后发现，发达国家和发展中国家 IT 投资结构有着明显的不同，并进一步探讨了 IT 投资对不同国家经济发展影响的差异。克鲁格曼和奥布斯特费尔德（Krugman and Obstfeld）通过对 13 个工业国家 1992—1999 年的数据进行分析，指出信息技术对美国经济产生了推动作用，对其他国家的作用并不如美国明显。对于现有研究而言，国外有关信息化与经济社会发展之间关系的研究主要集中在信息化对国民经济增长的影响、国家与国家之间信息化水平的差距、企业信息化及效益等领域，而对于信息化对经济增长贡献率的测度以及信息化与区域三次产业之间的关系研究则比较少。这主要是由于相关统计指标和数据的缺乏等原因。而对于国内有关的研究，其主要集中在国家、区域信息化水平的测算和比较分析，而对于信息化对区域经济增长以及产业增长的研究主要是定性分析，即使有关于信息化与经济增长关系的定量研究，也比较简单，只是利用邮电业务总量指标来代替信息化水平进行简单的回归分析。这些简单的分析往往使信息化与经济增长关系的研究结果过于简单，对提供信息化发展对策所起到的参考价值并不大。

信息化对行业层面影响的研究也有一些初步工作。穆迪（Moody，1997）研究了1980—1990年食品存储业信息技术应用后的经济绩效，使用信息技术能进一步控制产品的流动，改变了集约劳动的检验过程。金等（Gin et al.，1997）用生产函数取对数对美国58个行业中共有的11个交叉领域1983—1993年的数据进行分析，发现弹性都是正的，并在0—1之间，弹性之和为0.09，说明规模报酬递减；对58个行业的时间序列数据分析，发现2/3行业与IT有关的弹性是非负的，有10个行业信息投入的边际效益很高；就主要行业来讲，IT投资的利润是低的和不确定的；IT劳动有类似的情况，2/3行业弹性是非负的，有5个行业，IT资本和IT劳动具有统计意义的正的弹性。查尔斯（Charles，1983）在讨论信息经济增长理论基础上，建立测度信息资源与经济生产率相互关系的计量模型，具体讨论了信息部门规模与经济生产率之间的相互关系。韦尔（Weill，1992）分析了电子管制造业IT投资对绩效、销售增长等的影响。耀西（1992）研究了1987—1990年31个主要食品公司IT支出与税收贡献之间的关系。信（Shin，2006）分析了1995—1997年三年制造业和服务业部门的全样本数据，结果发现，信息技术和战略方向对财务运行的作用十分明显，当企业战略方向趋同时，信息技术能促进不同企业的财务运行。

信息化对企业和组织的生产、销售等影响方面，马穆德等（Mahmood et al.，1998）分析了IT投资对公司生产力的影响认为，IT投资与产品性能、生产力有一定程度的关联，IT投资与税收增长呈正相关，而IT投资对其他方面的影响不明显。Li和Ye（1999）分析了美国的主要企业，发现当存在环境改善、企业发展战略提前制定以及首席执行官和首席信息官紧密团结的情况时，信息技术投资对企业财务运行有更强烈的积极影响。Stratopoulos和Dehning（2000）比较了运用IT成功的公司和运用IT不太成功的公司，证明IT运用成功的公司有好的财务业绩。Love和Irani（2004）对126个建筑机构做了调查分析，评估IT投资与利润、成本的关系。马穆德等（1998）分析了 IT 投资对公司生产力的影响，认为 IT 投资与产品性能、生产力有一定程度的关联，IT 投资与税收增长呈正相关，而 IT 投资对其他方面的影响不明显。

五　信息化空间差异

美国是信息化发达国家，也是最先关注信息化空间差异的国家。研究普遍认为，信息化具备体现政治民主化和经济自由化的作用，但是，较大的信息化空间差距会严重阻碍这种效能的发挥。在实践中，信息化的空间差异应视为国家，特别是发展中国家的一个重要议题，应通过技术与政策手段来缩小信息化差距。学者通过实证研究认为，经济增长、技术采用与贫困减少之间存在着直接的关联，有迹象表明一个国家互联网的用户分布状态有助于解释其一般性的经济增长业绩。信息网络对于核心城市的重要性具有强化作用，有可能拉大网络边缘与核心地区之间的差距。互联网的普及具有明显的区位特征，经济发展、知识水平、基础设施是影响各个地区互联网发展水平的主要原因，而收入水平和文化素养的差距是城乡间信息化差距的根本原因。信息化的差距是各地经济发展水平的差距在信息时代的延续，不断扩大的信息差距将加剧地区分化和社会矛盾。缩小地区间以及城乡间的信息基础设施及公共服务水平差距，不仅仅是经济问题、发展问题，同时也是重要的政治问题、公平问题。

作为信息化空间差异的极端表现形式，"数字鸿沟"更是引起广大学者和新闻媒体的关注，在 2000—2005 年短短的五六年间，中文期刊数据库中，以"数字鸿沟"为题的文章就将近 300 篇，图书情报类和经济管理类两个学科的作者占据绝大多数。研究主要集中在对发达国家与发展中国家之间、中国东中西部地区之间、城市和农村之间"数字鸿沟"的测评以及相应对策建议。其中代表性观点有：胡鞍钢（2002）认为，中国的"数字鸿沟"已经产生，缩小"数字鸿沟"是一个综合、长期的战略，必须进行国家治理，目前可以通过政府信息化、学校信息化、国家创新体系建设、农村的社区接入、设立普遍服务基金、加大西部信息基础设施投入等来实现。金江军（2005）针对中国国情，提出走"低成本信息化"道路，以缩小"数字鸿沟"。盛晓白（2001）在评价中美"数字鸿沟"的基础上，认为数字观念、时间观念、创新观念、风险观念、人才观念等方面的观念革命，应是消除中美"数字鸿沟"的逻辑起点。专著方面，荆林波2001年的《第三只眼睛看网络经济》是较早论述"数字鸿沟"的著作。而在数字蓝皮书系列中，胡延平编著的《跨越数字鸿沟——面对第二次现代化的危机与挑战》则系统介绍了国内外应对信息化差距的方针和举措。

第二节 区域创新能力研究

一 区域创新理论主要来源

区域创新理论主要来源有企业集群理论、企业网络理论、三螺旋理论和国家创新系统理论等。

企业集群在区域创新中发挥着重要作用，很多成功区域都依赖企业集群获得竞争优势。从马歇尔的产业区理论到麦莱特的区域创新环境理论，关注焦点转向集群网络互动、知识扩散机制、学习行为和集群创新。马歇尔认为，大量企业在空间集聚能够营造一种"氛围"，有助于信息和知识流动。克鲁格曼指出，企业集群存在技术知识外溢。波特提出，企业集群促使厂商相互竞争，推动技术创新和升级。某个企业技术创新成功引起相邻企业的模仿；员工在企业间流动促进创新成果扩散。帕德莫尔和吉布森（Padmore and Gibson）认为，资源、基础设施、企业和市场聚集在同一空间，创新、发明、信息在其中高速流动，加速了企业技术创新进程。巴普提斯塔认为，企业、大学、研究机构、市场在地域上聚集，技术创新在企业集群内大量产生。这些观点说明企业集群有利于技术创新。企业集群的知识具有累积效应。贝尔指出，要关注知识的积累，知识系统以知识的存储和流动为核心。利索尼（Lissoni）指出，知识包括显性知识和隐性知识，企业、大学、科研机构和中介组织在地理上聚集便于隐性知识传递和扩散，有利于创新活动。

这些观点说明，企业集群有利于区域积累知识和隐性知识交流与扩散。企业集群长期竞争优势的基础在于根植于集群网络的整体创新能力，仅仅依靠聚集经济成本优势的集群将难以摆脱衰退的宿命。企业集群理论研究了企业集群与技术创新、知识积累与扩散等内容。但是，企业集群理论忽视了企业与大学、政府机构之间的相互影响和相互作用。

企业网络理论是 20 世纪 80 年代兴起的一个新兴领域。哈德兰认为，网络正在成为创新的组织形式。托雷利（Thorelli）指出，企业网络的运行机制介于市场机制与科层组织之间。萨克斯尼安（Saxenian）认为，硅谷地区发展原因在于区域企业创新网络，包括产业合作网络、社会关系网络和人际关系网络。沃尔夫（Wolf）认为，区域网络具有联合不同参与者的专长、刺激合作、降低不确定性、创造信任以及相互学习等优势。基布尔和劳森（Keeble and Lawson）提出，企业网络有三种知识交流形式：①显性技术、企业家在区域内流动与企业衍生；②企业网络交互活动；③研发人员在企业间流动。这些观点表明企业网络有利于区域创新。

创新网络是企业网络的一部分。自 20 世纪 50 年代，创新活动从孤立研究者、发明者创造知识的零散事件，逐步演变为依赖诸多机构或个人参与的知识互动与知识交换的创新网络。多西（Dosi）认为，创新网络是一种技术网络，企业在创新体系中通过合作网络和信息交换与诸多创新代理（顾客、供应商、咨询顾问、政府机构、国家实验室、大学等）发生关系，重视企业外部信息来源的重要性，新产品研发必须具备技术、市场、网络的可行性。网络是企业获得技术、信息技术学习、相互作用、网络和联盟，认为学习是国家创新系统（National Innovative System，NIS）的核心。虽然 NIS 研究取得很大进展，但是对创新系统要素之间互动关系研究仍然不够，已有的研究多属于描述性的，缺乏定量研究和计算机模拟。随着全球经济一体化的发展，将降低创新系统的国家边界重要性，而采用部门创新系统或区域创新系统方法，能够对创新过程的产业特定要素或区域特定要素进行深入研究，部门创新系统、区域创新系统和集群理论将是以后的研究重点。

综观国外上述研究可以看出，网络正在成为一种区域创新组织形式。企业集群从企业区域聚集、企业网络从网络关系视角，揭示了这两种组织形式有利于区域创新，但是两者都忽视了大学、研究机构作用。三螺旋理论提供了创新中产业界、学术界和政府合作的新范式，国家创新系统运用系统理论分析创新，但是，目前尚未深入系统地研究区域创新网络。

二 区域创新系统

20 世纪 90 年代早期，区域创新系统（Regional Innovation System，RIS）受到政策制定者、学术研究者的广泛关注。国外 RIS 研究主要集中在内涵、特征、运行机制、结构、创新环境和区域创新战略等方面。库克、摩根、卡尔森和伊万杰利斯塔等（Cooke, Morgan, Carlsson and Evangelista et al.）先后从互动学习、环境、根植性、技术经济结构和政策制度结构、相互联系的要素以及他们的态度等多个视角界定 RIS，但是尚未达成共识。他们认为，RIS 内涵包括：①具有一定的地域空间；②以生产企业、研发机构、高等院校、地方政府机构和服务机构为主要的创新主体；③不同创新主体之间通过互动构成创新系统的组织和空间结构，从而形成一个社会系统；④强调制度因素以及治理安排的作用。这些研究在一定程度上揭示了区域创新系统的本质属性。

伦德瓦尔、弗里曼、波特和库克等（Lundvall, Freeman, Porter and Cooke et al.）研究了区域创新系统结构。伦德瓦尔提出，创新系统由要素和关系构成，要素包括企业、大学、科研机构、政府和中介组织等。库克指出，区域创新系统结构包括知识应用和开发子系统、知识产生和扩散子系统。知识应用和开发子系统主要由产业部门构成，以企业为中心，包括客户、契约方、合作伙伴、竞争者，这些机构组成水平网络、垂直网络，交织成创新网络，主要功能是应用知识和开发知识。知识产生和扩散子系统主要由各种公共机构构成，包括技术中介机构、劳动中介结构、公共研究机构和培训教育机构，主要功能是生产知识和传播知识。在知识应用和开发子系统与知识产生和扩散子系统之间存在知识流、资源流和人力资本流，实现两个系统互动。区域创新系统并不是一个孤立系统，它也会受到外部环境影响。区域创新系统的外部环境包括国家创新系统组织、其他区域创新系统、国际组织、欧共体政策机构等，它们之间存在着密切的技术、经济等联系。区域创新系统与环境相互作用，外部环境与区域创新系统之间存在物质流、信息流和能量流，它们能够影响区域创新系统运行。区域创新系统也能够影响这些机构的运用，1985年欧洲创新研究小组提出"创新环境"（Innovative Milieu），艾达洛特、萨克斯尼安和马拉（Aydalot, Saxenian and Maillat）研究了区域创新环境的内涵。Gremi指出，区域创新环境是区域内主要的行为主体通过相互之间的协同作用和集体学习过程，建立的非正式的复杂社会关系。马拉认为，创新环境是企业外部的技术、文化、技能、劳动力市场等非物质的社会文化因子，是经济、社会文化、政治、制度代理以及组织和法规模式的配置。甘瑟和弗里尔（Gansey and Freel）从区域创新环境演化视角，提出区域创新环境发展具有路径依赖性，其起始因素能够影响今后发展轨迹。艾达洛认为，当地环境是创新的孵化器，铸就了企业与企业、用户、供应商、研究机构、培训中心之间的合作关系。马拉指出，创新环境的核心机理和标志特征是"集体学习行为"。雷吉米奥（Regimio）认为，"区域创新网络与区域创新环境之间的关系是有机的互动和相互促进的关系"。环境把竞争者、非物质资源（培训、研发）聚集在一起，通过互动，发展专业技能、知识和规则。马蒂纳（Martina）认为，创新环境主要由不同的私人和公共机构（企业、大学、行政部门）的决策者相互联系、相互作用而形成的一种有利于创新的社会环境和氛围。创新环境为创新的产生提供了主要推动力和"初始激励"，刺激企业进行创新。这些观点将创新环境理解为社会关系、社会文化，认识到区域历史、区域文化、社会关系、社会制度对创新的影响。格拉诺维特（Granovettor）认为，社会关系网络不同程度地无规律地渗入经济活动的方方面面。经济行为根植在网络和社会制度中，这种网络与制度由社会构筑并具有文化意义。有些学者研究了区域创新环境政策，马拉指出，环境政策目的在于创造特殊资源和产生创新，创造非物质资源、邻近性、关系资本和各种形式的合作与学习。国外创新区域系统研究由于研究视角不同，缺乏统一研究范式，因此得出的结论也不尽相同，区域创新系统理论还缺乏整体性。研究对象主要以欧洲、北美地区、东亚地区为主，实证研究需要注重具体区域创新系统的特色。国外学者已经注意创新系统内部互动、系统与环境互动，创新网络、区域创新环境对区域创新的影响，但是研究得不够深入。

三 区域创新能力及衡量指标

目前研究企业创新能力、国家创新能力比较多，区域创新能力研究则相对滞后。

区域创新能力的影响因素。区域创新能力受许多因素影响。斯特恩、波特和福尔曼（Stern，Porter and Furman）认为，一个区域的创新能力由生产一系列相关的创新产品的潜力确定，最重要的因素是 R&D 存量，无论是企业 R&D 还是政府 R&D，都能资助新技术、发明、设计和创新生产方式，从而影响创新能力的 R&D 边际产出。萨克斯尼安指出，区域企业创新能力与依赖的集群、网络状况、主体对待合作的态度有关。Braczyk 认为，区域创新能力与研究制度、教育制度和技术转移制度相关，依赖区域决策能力、经费资源和政策导向。卡马尼（Camagni）认为，在一定区域内非正式社会关系决定特定形象、内在表现和归属感，并通过协作和集体学习过程巩固当地创新能力。源于社会关系、规范、价值观和团体之间互动的商誉、形象等无形资产正成为构建区域创新能力和巩固学习能力的关键。R&D 存量能够资助新技术、发明、设计和创新生产方式，从而影响创新能力。归纳以上观点，区域创新能力受创新网络、区域环境制度、区域文化、社会资本影响。但是，这些因素如何影响区域创新能力缺乏系统研究，它们的相互关系也需要深入研究。

专利作为研究创新和技术进步的指标具有系统的数据支撑。20

世纪 50 年代中期之后，阿布拉莫维茨和索洛（Abramovitz and So-low）的前沿研究实现了突破，表明总产出增长中有很大的残余不能被资本积累所解释。该方面的早期研究成果由纳尔逊（Nelson）编辑成《发明活动的速度和方向》（1962）。此外，另一个重要的先行者是施莫克勒（Schmookler），他的《发明与经济增长》（1966）以及遗作成为早期的经典文献。从 20 世纪 70 年代后期开始，格里尔克（Grillcher）关于专利记录的大规模系统研究（非计算机化）获得了美国专利商标局（USPTO）的计算机化和其他计算形式微观数据的支撑。这方面的研究在 1981 年后期有关专利和生产力研发会议上达到高潮。20 世纪 80 年代，围绕美国国家经济研究局（NBER）研发面板数据及派生品进行了大量研究工作，同时催生了大量有关研发和生产率的文献。

进入 20 世纪 90 年代，Jaffe 和 Trajtenberg 等在 Griliches 工作基础上继续推进。这条研究线索中里程碑式的成果是《专利的引用和创新》（2002）。基于大规模的专利数据，1993—1999 年，他们开发了约 300 万条授权专利数据库，同时包括 1975—1999 年间 1650 万个被授权专利的引用数据。

波特与其同事的工作建立在创新和技术进步的历史研究之上，并不断跟踪竞争战略、竞争优势以及国家和区域竞争优势研究。为了理解创新区域问题，他们采用 USPTO 授权的国外和美国发明专利数量衡量国家创新产出，进行了一系列数量研究，检验创新产出和创新能力测度之间的关系，焦点是技术前沿和创新的跨国比较。

四 信息化与区域创新能力的关系研究

影响创新能力的因素非常复杂，众多学者实证了产业集群、创新的基础设施、FDI、人力资本投入、生活质量、信息化水平、专利保护制度、科技投入、教育水平、进出口、R&D 规模等因素对创新能力的作用，就现有研究成果看，大部分研究结论支持了以上因素对创新能力的促进作用，但是，我们依然看到，另有一些学者的研究结果是相反的现象。因此，针对创新能力影响因素的研究依然任重而道远。令人遗憾的是，虽有部分学者在测量区域创新能力的指标体系中考虑了信息化环境要素，而且汪玉凯在《中国党政干部论坛》2007年第12期撰文也认为，在经济全球化和信息化相互交织发挥作用的时代，一个国家信息化水平的高低，不仅反映一个国家的综合竞争实力、经济发展水平，而且也反映着一个国家的创新能力。他强调了信息化建设对国家创新能力的重要影响，但是，目前为止，尚未见到从实证角度证实信息化对区域创新能力作用的文献。

第三节　国内外研究评析

在信息化对经济社会发展影响研究方面，现有研究主要集中在信息化对国民经济的影响、国家与国家之间信息化水平的差距及信息化贡献率的差距、企业信息化及效益等领域，而对行业信息化水平的测度、信息化对国家创新能力的贡献及省域空间的差异等方面的研究则很少。一方面是由于相关指标和数据的缺乏，另一方面是由于对行业领域应用信息技术的特点缺乏系统性的分析和探讨。

一是我国现有的对信息化研究过分宏观或过分微观。如研究主要集中在区域信息化与区域经济、产业的信息化水平及其影响、企业信息化水平的测度等。缺乏省域层面的研究，特别是对各省份的信息化水平及其对区域创新能力的贡献等领域缺少研究。

二是有的研究结论不一致甚至矛盾。比如，陶长琪（2001）则认为，"信息化对第二产业影响最大，其次是第三产业，再次是第一产业"，而汪斌、余冬筠（2004）则认为，"信息化对第二产业增长的贡献率最大，其次是第一产业，对第三产业的带动比较弱"。又比如，陈向东、傅兰生（1999）与王君、杜伟（2003）提取的主成分不一致。有的研究虽提出了观点、指标体系或模型，但缺少实证支持，如郭东强、王志江（2000）与苗建军（1999）的工作。

三是研究的面需要进一步拓宽。目前的研究对象主要集中在宏观尺度的国内与国外、国内东中西三大地带之间，未来的研究应向省际、城际、乡际等多尺度空间单元拓展，以便能够对比和揭示信息化在宏观、中观、微观各个地域系统上运行的态势，并以此来总结信息化普遍的空间格局与配置规律。

四是研究理论需要进一步丰富。目前的研究多是就事论事，侧重问题导向的实证研究，对理论的梳理和升华都非常匮乏。因此，后续研究需要将经济学、情报学、社会学、管理学等学科理论相互融通，特别是要发挥人文地理学在其中的主导作用，积极运用新区域理论和新经济地理理论，以追求信息化空间差异研究自身的理论创新和突破。

五是研究层次需要进一步深入。目前，信息化的空间差异研究描述较多，解释较少，对形成机理、空间效应、区域响应、调控机制的研究都尚未充分展开，许多对策建议也与具体区域背景脱节，流于泛泛而谈。因而，未来研究应更加注重通过"现象"，透视"本质"。在充分探明信息化空间运行规律的基础上，尝试着为中国信息化的实践工作提供切实可行、有的放矢的信息化发展模式。

六是在用计量模型进行分析时，没有考虑多重共线性影响。资本、劳动之间是存在多重共线性的，特别是信息化测度指标体系中一般都包含有资本和劳动的因素，信息化水平与资本、劳动之间的多重共线性更不能忽视。

第三章 我国信息化水平测评及空间差异

第一节 我国信息化发展现状

20 世纪 90 年代，我国相继启动以金关、金卡和金税为代表的重大信息化应用工程。1997 年，召开了全国信息化工作会议。党的十五届五中全会把信息化提到了国家战略的高度。党的十六大做出了以信息化带动工业化、以工业化促进信息化、走新型工业化道路的战略部署。党的十六届五中全会强调，推进国民经济和社会信息化，加快转变经济增长方式。党的十七大明确指出，要全面认识工业化、信息化、城镇化、市场化、国际化深入发展的新形势新任务，大力推进信息化与工业化融合。为加快推进信息化工作，国家专门成立了由总理挂帅的国家信息化领导小组，从组织体系上加强对信息化的领导。信息化工作得到了国家的高度重视，大力推进信息化已经成为覆盖我国经济、社会、政治、文化等现代化建设全局的重大战略举措。

2009 年，面对严峻复杂的国内外环境，全国上下实施了应对国际金融危机的"一揽子"计划，经济增长下滑态势得到了遏制，国家信息化建设继续保持了平稳协调发展，信息技术应用深入推进，信息化与工业化融合的发展战略得到进一步贯彻落实。截至 2009 年年底，8 个国家级两化融合试验区共启动重点企业试点示范项目 142 项，项目涉及 11 个行业；各地共支持两化融合项目 727 个，专项总投资 4 亿元。

2009 年，中国信息化全面向农村强力推进，农业信息化建设取得显著成效。随着"金农"工程一期项目全面实施，中央本级项目建设基本完成，农业电子信息基础结构建设力度进一步加大，构建了国家农业信息门户网络平台，建立了农业综合管理及服务信息系统。精准农业技术应用极大地提高了农业综合生产能力，初步建立了精准农业集成技术平台，在全国启动了主要粮食产区的精准农业技术应用示范。信息技术在农村生产过程中的应用，提升了农业综合管理水平。中国电信、中国移动、中国联通等运营商的"农信通"、"信息田园"、"金农通"等基础性综合信息平台覆盖全国，促进了农业经济的发展和农村民生的改善。

信息技术在工业领域的应用不断深化，信息化与工业化融合迈出新步伐。2009 年，国家把技改工作作为走中国特色新型工业化道路的重要切入点，注重利用信息技术改造提升传统产业，把信息技术融入研发设计、生产、流通、管理、人力资源开发各环节，机械、建材、轻工、冶金、石化等制造企业的装备检测、远程在线监控、过程自动化控制等水平不断提高，工业研发设计信息化取得了明显成效；信息技术在机械制造、汽车、钢铁、能源、电力等行业的日益渗透与融合，催生了一批新兴产业，推动了传统工业产业向价值链高端迈进。同时，服务与社会领域信息化进程继续稳步推进，信息基础设施不断完善，公共服务能力显著提升，电子商务发展势头强劲，金融、交通、教育、卫生、民政、公安等领域的业务应用系统建设取得可喜成果。此外，网络文化、数字家庭、网络社区、无线城市等电子信息技术的广泛应用，进一步改变了人们生活方式，扩展了消费需求，成为新的经济增长点。

电子政务建设与应用继续扎实推进。2009 年，国家电子政务重大工程建设步伐加快，"金税"、"金盾"、"金土"、"金财"、"金信"等工程建设取得阶段性成果，国家电子政务外网建设一期工程通过验收；各级政府网站建设力度加大，信息公开进一步规范，网上行政办事范围不断扩大，政民互动效果良好，"举报网站"的开通成为政府网站建设的亮点；电子政务应用成效明显，电子政务应用系统已经成为政府部门提高工作效率、加强行业监管、提升服务水平的重要保障。

信息产业在国民经济中继续保持重要地位，国家信息化水平进一步提升。2009 年，尽管电子信息产业收入下滑，但在全国工业中的比重依然达到 10% 左右。手机、微型计算机、彩电、数码相机、激光视盘机产量分别占全球的 49.9%、60.9%、48.3%、80%、85%，中国已成为世界电子产品第一制造大国，电子信息产业从业人员达到 755 万人，占全部工业从业人员的 9% 左右。电子信息产品贸易额占全球的 15% 以上，电子信息产品出口在全国外贸出口中的比重超过 1/3。软件产业总体保持平稳运行态势，实现业务收入 9513 亿元，同比增长 25.6%。截至 2009 年年底，全国电话用户超过 10 亿户，互联网网民超过 3.8 亿户，移动网民突破 2 亿户。移动电话普及率达到 56%，城镇居民彩电、计算机拥有比率均比上年提高 3 个百分点以上。全国各地区信息化水平整体呈上升趋势，北京、上海、广东、天津、浙江、福建等地信息化水平居领先地位，但区域间信息化发展不平衡问题仍然十分明显。

全国网络与信息安全整体在不平静中前行，网络安全形势依然严峻。2009 年，全国计算机病毒感染较上年有所下降，全国没有出现一种病毒在短时间内大范围感染的重大疫情，但感染率仍然维持在比较高的水平。计算机病毒是网络的最大安全隐患，病毒木马仍是互联网安全的主要问题。引发网络安全问题的根源是经济利益，互联网黑色地下产业规模庞大，2009 年病毒产业规模达到百亿。2009 年，随着网络和普通百姓的工作生活越来越紧密，互联网安全问题越发凸显，网络与信息安全已经成为一个社会焦点话题。为适应当前社会发展的新形势，维护国家和百姓的信息安全，国家及相关部门不断加强网络安全保障，出台了一系列政策法规，启动了信息安全管理体系认可工作，病毒木马治理取得一定成效，打击网络犯罪活动进一步加强。

第二节 信息化水平测度方法

一 国外信息化水平测度方法

国外信息化测度研究开展较早，几十年来，国际范围内围绕信息经济的测度、信息社会水平的衡量等展开了许多研究，目前已有的信息化测算方法比较多，但学术界还未形成较为一致的方法。其中影响较大、应用较广的信息化测算方法有：

（一）马克卢普的信息经济测度理论

马克卢普从信息产业角度开展研究，于1962年出版的《美国知识的生产与分配》第三章"生产知识产业及其职业"首次提出了"知识产业"概念。他认为，知识产业是一类或者为自己所消费，或者为他人所用而生产知识、提供信息服务或生产信息产品的机构——厂商、单位、组织和部门或其中的班组，有时可能是个人和家庭。知识产业及其在"教育产业、研究与开发产业、通信媒介产业、信息设备产业和信息服务产业"五个层次上的组成是马克卢普信息经济理论的核心。马克卢普就此构建了他的信息经济测度体系。他认为：

教育产业，包括家庭教育、职业培训、宗教教育、军事教育、中小学教育、高等教育、商业与职业培训、政府教育项目、公共图书馆、隐含的教育成本（学生放弃的收入、建筑物与场地的隐含租金）、免税学校的成本、交通、书籍与衣料等。

研究与开发，包括基础研究、应用研究、发展研究。在通信媒介产业方面，包括印刷与出版（书籍、小册子、杂志、报纸）、文具、办公用品、商业印刷、摄影、速记、戏剧、音乐、电影、体育表演、广播、电视、广告、公共关系、电话、电报、邮政服务、会议等。

信息设备产业，包括印刷业设备、乐器、电影设备、电话电报设备、信号设备、测量、观察和控制仪器、打字机、办公用设备、计算机设备、办公机器零部件等。

信息服务产业，包括专业服务（法律服务、工程建筑服务、医疗服务、会计）、财政金融服务（支票存款银行业务、证券经纪人、保险代理人、不动产代理人）、批发商的知识服务、各种商业服务、政府服务等。具体如表3-1所示。

表3-1　　　　　　　　　　马克卢普知识产业分支

研究与开发	教育	通信媒介	信息设备	信息服务
基础研究	家庭教育	印刷与出版	印刷业设备	专业服务
应用研究	职业教育	摄影与录音	乐器	法律服务
开发研究	宗教教育	戏剧、音乐与电影	电影设备	工程建筑服务
	军事服务教育	广播电视	电话电报设备	医疗服务
	中小学教育	广告、公共关系	信号设备	会计
	高等教育	电话、电报与邮政	测量、观察和控制仪器	财政金融服务
	商业与职业培训	服务、会议	计算机	支票存款银行业
	政府教育项目		办公用设备	证券经纪人
	公共图书馆			保险代理人
				不动产代理人
				批发商的知识服务
				各种商业服务
				政府活动

马克卢普利用上述信息经济测度理论体系，采用"最终需求法"对信息产业进行测算。将信息经济测度体系中的各个项目从现行统计体系中挑选出来，然后逐个测算和平衡。具体公式为：

$$GNP = C + G + I + (X - M) \qquad (3-1)$$

其中，GNP 是独立的商品化信息部门的 GNP 值；C 是消费量，消费者对最终产品和服务的需求量或消费量；G 是政府采购，对最终产品和服务的需求量或消费量；I 是投资量，厂商对最终产品和服务的需求量或消费量，或者说，是企业、组织和政府对固定资产和物质储备的总投资；X 是出口额，本国产品或服务在国外的销售额；M 是进口额，从外国购进的产品或服务的销售额。

马克卢普的信息经济测度理论与方法是最早的宏观信息经济的测度理论和方法。他的知识产业思想被美国学者广泛应用，诱发许多著作的产生。但是，该理论和方法存在某些缺陷，主要有三个方面存在争议：关于"教育"划归信息产业的问题，关于"知识"、"知识产业"概念的范围问题，关于测度指标体系的设计问题。

（二）波拉特的信息经济测度理论

该理论的核心内容是将信息部门从国民经济各部门中逐一识别出来，然后将信息部门划分为一级信息部门和二级信息部门两大类。所谓一级信息部门包括向市场提供信息产品和服务的企业；二级信息部门包括政府部门和非信息企业为了内部消费而创立的一切信息服务。波拉特方法把信息经济规模用信息部门增加值与 GNP 的比重和信息部门就业人数占就业总人数的比重这两个宏观测算指标来反映。

波拉特首先根据美国"国家产业划分标准"，将一级信息部门划分为知识的生产和发明业、信息的分配与传递业等 8 大类 116 小类。在此基础上就可以对一级信息部门的产值进行测算。该研究主要是测算信息部门创造的增加值在 GNP 中的比重，因此主要采用测算 GNP 的两种常用方法：最终需要法和增值法。第一信息部门门类如表 3 - 2 所示。

表 3 - 2　　　　　　　　第一信息部门分类

信息部门	信息产业
知识生产与发明行业	研究与开发行业、发明性行业、民间信息服务
信息分配和通信行业	教育、公告信息服务、正式通信媒介、非正式通信媒介

续表

信息部门	信息产业
风险经营	各类保险业、各类金融业、投机经纪业
调研与调控行业	调研与非投机经纪业、广告业、非市场调研机构
信息处理与传递服务行业	非电子处理业、电子处理业、电信业务基础设施
信息产品行业	非电子性消费或中间产品、非电子性投机产品、电子性消费或中间产品、电子性投资产品
某些政府活动	联邦政府中的第一信息部门、邮政服务、州和地方教育
基础设施	信息建筑物及租金

二级信息部门的结构要比一级信息部门复杂，波拉特理论中将二级信息部门称为准信息部门，指非信息部门内部执行计划、财务管理、通信、计算机处理、研究开发、技术服务和文秘等活动部门。波拉特关于二级信息部门测算的方法是把不向市场出售的信息服务价值看作是由此所消耗的劳动力以及资本这两种资源的价值所构成，即由以下两个投入量构成：

（1）在非信息行业就业的信息劳动者的收入；

（2）非信息行业购入信息资本的折旧。

波拉特从美国442种职业中归纳出5大类属于信息劳动和信息服务的职业并根据典型调查，将28种混合职业按百分比划分出信息工作者。在上一基础上统计出信息部门的人数。

波拉特方法从经济学角度以经济统计语言开启定量描述信息经济的先例，是迄今为止世界上关于信息经济与信息产业分析和测算方面最权威的方法，具有实用性和可操作性。许多国家和地区用该方法对本国或地区的信息经济发展水平进行了分析和测算。但是，由于社会变化迅速，20世纪60年代的信息部门分类不太适应新的信息经济；而且波拉特对信息活动、信息行业、信息职业的划分缺乏统一的科学标准，对信息经济概念的分析存在内部的逻辑矛盾，测度模型的一些环节存在非逻辑处理方法。因此，波拉特理论和方法需要改进。

（三）日本的信息化指数模型法

日本的信息化指数模型是由日本电信与经济研究所（RITE）研究人员提出的一种社会信息化评价方法。该"信息化指数"测定方法既能纵向反映某国（某地区）的信息化进程，又能横向比较不同国家和地区间的信息化程度。信息化指数测算模型由4组11个要素组成。4组分别为信息量、信息装备率、信息主体水平、信息指数，11个要素分别为人均年使用函件数、人均年通话次数、每百人每天报纸发行量、每万人书籍销售点数、每平方公里人口密度、每万人电话机数、每万人电视机数、每万人电子计算机数、第三产业人数的比例、每百万人中在校大学生人数、个人消费中杂费的比例，其结构如表3-3所示。

表3-3　　　　　　　　　日本信息化指数构成

一级指标	二级指标	测量指标
信息化指数	信息量	人均年使用函件数
		人均年通话次数
		每万人书籍销售点数
		每百人每天报纸发行数
		每平方公里人口密度
	信息装备率	每百人中的电话机数
		每百人电视机数
		每万人计算机数
	信息主体水平	第三产业人数的百分比
		每百人在校大学生数
	信息指数	个人消费中的杂费的比例

由于上述 11 个变量是不同质的量，无法直接比较，故首先需要转换成指数，最后求出反映信息化程度的指数——信息化指数。求最终的信息化指数的方法一般有两种：其一，首先将基年各项指标的值规定为 100，然后分别将测算年度的同类指数值除以基年指标值，求得测算年度的各项指标值的指数，再将各项指标值指数相加除以项数，就可得到最终的信息化指数。其二，先分别计算这四个组的指数平均值，即对每一组变量的指数值求平均值，再对分组的指数平均值求算术平均值，得出最终信息化指数。

（四）国际数据公司的信息社会指标法

1996 年，国际数据集团下属的信息研究机构国际数据公司（International Data Center，IDC），提出信息社会指标（Information Society Index，ISI）方法，比较和测量各国获取、吸收和有效利用信息的信息技术能力。ISI 坐标变量分成三组，每组再细分成更具体的指标，详见表 3 - 4。

表 3 - 4　　　　国际数据通信公司的信息化测算指标体系

一级指标	测量指标	代码
社会基础结构	在校中学生数	S1
	在校小学生数	S2
	阅读报纸人数	S3
	新闻自由程度	S4
	公民自由程度	S5
信息基础结构	电话家庭普及率	I1
	电话故障数/电话线数	I2
	人均收音机拥有数	I3
	人均电视机拥有数	I4
	人均传真机拥有数	I5
	人均移动电话拥有数	I6
	有线电视及卫星电视覆盖率	I7

续表

一级指标	测量指标	代码
计算机基础结构	人均 PC 拥有数	C1
	家庭 PC 普及率	C2
	用于政府和商业的 PC 机/非农业劳动人数	C3
	用于教育的 PC 机/学生和教员人数	C4
	联网 PC 机所占比例	C5
	用于软件支出/用于硬件支出	C6
	互联网服务提供者总数	C7
	人均互联网主机数	C8

国际上的其他信息化水平测度方法还有联合国教科文组织委托美国加利福尼亚大学图书情报研究院伯克（H. Borko）教授和该组织顾问、法国学者迈纽（M. J. Menou）主持提出的 IUP（信息利用潜力指数）模型，厄斯的经济—信息活动相关分析方法，以及国际电信联盟法（七国信息化指标体系）。

二　国内信息化水平测度方法

国内信息化建设起步较晚，20 世纪 80 年代中期才开始对信息化发展水平测度理论与方法进行研究。我国学者对信息化水平进行测算时，结合我国具体情况，在充分吸收国外现有测评方法科学性基础上，提出了一些具有中国特色的信息化指标体系和测评方法，并进行了一些实证研究。比较有代表性的有：

（一）信息化综合指数模型方法

在总结波拉特方法和日本指数法的优缺点和各自的适应性基础上，我国学者钟义信、舒华杰、吕延杰提出了一种新的信息化水平测度方法，名为"信息化的综合指数法"（Comprehensive Index of Informanization Capacities，CIIC）。

CIIC 指标体系包括信息产业能力、信息基础设施装备能力、信息基础设施使用水平、信息主体水平和信息消费水平 5 个一级指标。

其中"信息产业能力"下设第一信息部门产值、第二信息部门产值两个二级指标,"信息基础设施装备能力"下设电话普及率、电视普及率、联网计算机普及率、联网数据库人均容量、人均网络容量公里数 5 个二级指标,"信息基础设施使用水平"下设年人均电话次数、年人均电视收看时数、计算机平均利用率、年人均信函数、年人均书报量和年人均拥有的音像制品量 6 个二级指标,"信息主体水平"下设信息业就业人数比率、每百人大学生数、九年制教育普及率和信息技术研究开发费用比率 4 个二级指标,"信息消费水平"下设个人平均信息消费指数这一二级指标。指标体系如表 3 – 5 所示。

表 3 – 5   CIIC 指标体系

测量指标代码	说明
I(P)	信息产业能力
I(P, 1)	第一信息部门产值
I(P, 2)	第二信息部门产值
I(E)	信息基础设施装备能力
I(E, 1)	电话普及率
I(E, 2)	电视普及率
I(E, 3)	互联网计算机普及率
I(E, 4)	互联网数据库人均容量
I(E, 5)	人均网络容量公里数
I(U)	信息基础设施使用水平
I(U, 1)	年人均电话次数
I(U, 2)	年人均电视收看时数
I(U, 3)	计算机平均利用率
I(U, 4)	年人均信函数
I(U, 5)	年人均书报量
I(U, 6)	年人均拥有的音像制品量
I(S)	信息主体水平

续表

测量指标代码	说明
I (S, 1)	信息产业就业比率
I (S, 2)	每百人大学生数
I (S, 3)	九年制教育普及率
I (S, 4)	信息技术研究开发费用比率
I (C)	信息消费水平
I (C, 1)	个人信息消费指数

（二）《中国社会信息化进程测度报告》中的测度指标体系

中国社会信息化进程测度课题组经过调研，在日本 RITE 模型基础上，吸取有关案例的积极成果，参照国务院信息化工作领导小组制定的《国家信息化"九五"规划和 2010 年远景目标纲要》中确定的信息化体系的六要素（信息资源、国家信息网络、信息技术应用、信息技术和产业、信息化人才、信息化政策法规和标准），构建了社会信息化指数模型。将其中的信息资源、信息网络、信息产业和信息人才作为测度 4 个要素，根据信息化现状，摄取了各要素所包含的变量，借此反映我国信息化的整体水平和北京等地信息化的先进程度。

（三）综合信息产业力度法

根据国外信息化测度方法及中国国情，吉林大学靖继鹏教授设计了一套信息产业测度方法——综合信息产业力度法。该方法以定性分析和定量分析相结合，应用对称性和简单性原理，选择合理的构成要素，建立指标数量适度的指标体系，从整体上描述综合信息产业力。综合信息产业力主要由信息产业发展的潜在力、信息产品的开发力、信息产业生产力、信息资源流通力、信息资源利用力和信息产业平衡力 6 个力度组成。

（四）《国家信息化指标构成方案》

2001 年 7 月，我国信息产业部公布了《国家信息化指标构成方案》，它由 20 项指标组成，主要根据国家信息化的体系结构，从信息资源开发利用、信息网络建设、信息技术应用、信息技术与产业发展、信息化人才、信息政策法规和标准6个方面概括反映出国家信息化水平。模型见表3-6。

表3-6　　　　　　　　国家信息化指标 NIQ 模型指标

信息化要素	权重	指标名称
资源开发利用	15%	每千人广播电视播出时间
		人均宽带拥有量
		人均电话通话次数
		网络资源数据库总容量
信息网络建设	16%	长途光缆长度
		微波占有信道数
		卫星站点数
		每百人拥有电话主线数
信息技术应用	18%	每千人有线电视台数
		每百万人互联网用户数
		每千人计算机拥有量
		每百人拥有电视机数
		电子商务交易额
		企业 IT 类固定资产占同期固定资产投资比重
信息产品和服务	15%	信息产业增加值占 GDP 的比重
		信息产业对 GDP 增长的直接贡献率
信息化人力资源	20%	每千人中大学生的比重
信息化发展环境	16%	信息产业研究与开发经费支出占全国研究与开发经费支出总额的比重
		信息产业基础设施建设投资占全部基础设施投资的比重
		信息指数

第三节　信息化水平测度

一　评价指标体系确定原则

信息化指标体系的建立是为了更好地测度地区信息化水平，为信息化战略决策提供现实量化的依据。鉴于"信息化"进程本身固有的特点，再加上此次指标体系的建立是针对中国的区域信息化水平，因此应该遵循如下主要原则：

（一）客观性原则

由于国外对于信息化测度的理论与方法比较成熟，因此，国内在这方面的研究一般都借鉴了国外现有的成果。此次建立的评价指标是针对中国国内的区域信息化，因此必须本着客观性原则，结合中国国情和经济发展水平，而不是盲目的照搬照抄国外的评价方法。并且体系建立之后的实证研究也必须遵循这一原则，在收集数据的过程中尽量采用原始数据，数据源应权威可靠。

（二）可操作性原则

任何评价指标体系的建立都应遵循这一原则。目前多数的信息化评价指标体系都存在这一问题，指标可操作性不强，相应的指标数据无法获得导致无法科学地应用于评价实际，无法发挥其应有的评价功能。同时指标应具有比较性和可测性，计算方法容易掌握，这样才能有其现实的意义。

（三）发展性原则

虽然信息化定义尚未统一，但从众多学者对信息化概念的描述中可以看出信息化是一个不断发展、变化的过程，不同时代信息化的内容、表现、要求也会不同。这就要求评价信息化水平的指标体系的建立要遵循发展性原则，适应时代的发展，根据不同的时代背景、不同的经济发展水平和当时所处的信息化进程来设计评价指标。这就要求在体系设立过程中，在前人研究基础上，总结经验，保留可用的指标要素并适当补充新的指标要素。

（四）系统性原则

区域信息化系统因素多、分布广、关系复杂。因此指标体系的建立要处理好部分与整体、具体行动与系统目标之间的关系。作为一个有机整体不但应从各个层次、各个角度反映被评价对象的特征和状况，而且还要体现对象的变化趋势，反映对象的发展动态。

（五）代表性原则

由于信息化外延的广泛性和模糊性，描述信息化进程的因素很多。作为系统化指标体系，要在众多可用指标中筛选出最具代表性、最灵敏的主导性指标（张庆锋、郑建明和王育红，2000）。

二 指标体系基本框架建立依据

国家信息化体系框架为主动推进信息化社会变革的过程，1997年国家信息化办公室提出了信息化六要素，包括信息资源、信息网络、信息技术应用、信息技术和产业、信息化人才、政策法规和标准6个方面，这6大要素构成了完整的国家信息化体系。

（1）信息资源。国民经济和社会发展的战略资源，它的开发和利用是信息化体系的核心内容，是信息化建设取得实效的关键。信息化的核心和目的就是信息资源的充分开发和广泛应用。

（2）信息网络。信息资源开发利用和信息技术应用的基础，信息传输、交换和资源共享的必要手段。

（3）信息技术。研究开发信息的获取、传输、处理、存储调用和综合应用的工程技术，它是信息化的技术支柱，是信息化的驱动力。信息资源和信息网络建设依赖于人们对先进技术的应用，信息技术的水平决定了信息资源开发利用的程度和信息网络运行的效果。

（4）信息产业。是指信息设备制造业和信息服务业。信息设备制造业包括计算机系统、通信设备、集成电路等制造业。信息服务业是从事信息资源开发和利用的行业，又是衡量一个国家信息化程度和综合国力的重要尺度。

（5）信息化人才。是指建立一支结构合理、高素质的研究、开发、生产、应用队伍，以适应信息化建设的需要。

（6）信息化政策、法规和标准。是指建立一个促进信息化建设的政策、法规环境和标准体系，规范和协调各要素之间的关系，以保证信息化的快速、有序、健康发展。

三 指标体系的建立

我国目前在信息产业、信息技术及信息化发展方面尚无系统、规范、全面的统计数据。2001 年 7 月我国信息产业部公布《国家信息化指标构成方案》以来，还是有许多学者对国内信息化测度指标进行不断的跟踪研究。这一现象表明了两个问题：一是《国家信息化指标构成方案》及其他的研究成果还存在着一定的问题，如数据可获得性，方案中有很多具体指标的数据只能通过抽样数。据资料统计、抽样调查或在线填报获得，而难以从现有的数据渠道获取全面的数据资料，这在一定程度上影响了实际测算的准确性。二是信息化的内容和形式随着时间的推移将会发生重大的改变，因此有必要在已有的研究成果上继续进行深入研究。这些为本次评价指标体系的建立提供了可能性。由于指标体系的评价对象是中国的信息化发展水平，因此不能盲目地照搬照抄国外的信息化测度方法，而应根据中国国内信息化发展进程的实际来测度。因此，笔者将国家确定的信息化体系框架作为设置指标体系大类的依据，并且参考了国内大量的相关研究，将一些可用指标整合，在此基础上引入若干新的指标，最终形成本书的评价指标体系。

在遵循客观性、可操作性、发展性、系统性这些主要原则基础上，本书的指标体系根据国家确定的信息化体系框架和现有的统计数据资料，设置了 4 大类，分两级，共 31 个指标，主要用于中国的信息化发展水平区域间横向比较，具体内容如表 3 - 7 所示。

四 数据收集及缺失值处理

指标体系确定之后，根据确立的指标体系和数据收集原则（相关性、有效性、连续性、可获取性），针对各指标收集相关数据。数据收集过程中采用深度访谈法，并查阅大量内部文件资料，查阅了全国及 31 个省市 2000—2011 年的统计年鉴、信息产业年鉴、邮

表 3 - 7   **本书构建的信息化测评指标体系**

	指标	单位	代码
信息化基础设施建设（I1）	每百户电视机数	部/百户	I11
	每百户家用电脑拥有量	部/百户	I12
	移动电话普及率	部/百人	I13
	移动电话年末用户	万户	I14
	广播节目综合人口覆盖率	%	I15
	电视节目综合人口覆盖率	%	I16
	互联网普及率	%	I17
	长途光缆线路长度	万公里	I18
	长途电话交换机容量	路端	I19
	移动电话交换机容量	万户	I110
	电话普及率（包括移动）	部/百人	I00
信息设施利用水平（I2）	平均每人每年发函件数	件/人	I21
	平均每百人每年订报刊数	份/百人	I22
	固定本地电话通话次数	亿次	I23
	固定长途电话通话时长	亿分钟	I24
	移动电话通话时长	亿分钟	I25
	IP 电话通话时长	亿分钟	I26
	移动短信业务量	亿条	I27
	广播节目制作时间	小时	I28
	电视节目制作时间	小时	I29
	域名数	万个	I20
	网站数	万个	I200
信息产业能力（I3）	主营业务收入	亿元	I31
	利润总额	亿元	I32
	计算机软件著作权登记量	件	I33
	研究与试验发展经费支出	亿元	I34
	技术市场成交额	亿元	I35
	研究与试验发展经费支出占 GDP 的比重	%	I36
信息主体水平（I4）	教育经费	亿元	I41
	教育经费占 GDP 的比重	%	I42
	普通高等学校在校学生数	万人	I43

电通信年鉴、广播电视年鉴、科技年鉴、人口年鉴。之所以采用
2000—2010 年共 11 年的数据，是因为我国普遍意义上的信息化大
约是从 1990 年开始，且之前年份的数据不全，不易查询。查询得到
的原始数据见附录中的附表，原始数据的描述性统计如表 3 - 8 所
示。部分指标的部分年份存在数据的缺失，用到的数据属于时间序
列数据，因此缺失值的处理利用 SPSS18.0 软件的趋势得分法进行了
插补。

表 3 - 8　　　　　　　　　　　　描述统计量

测量指标	N	极小值	极大值	均值	标准差
每百户电视机数	11	73.29	128.99	102.43	17.78
每百户家用电脑拥有量	11	3.83	36.73	19.44	11.50
移动电话普及率	11	6.72	64.36	32.51	18.66
移动电话年末用户	11	8453.30	85900.30	42634.26	25109.83
广播节目综合人口覆盖率	11	92.47	96.78	94.59	1.44
电视节目综合人口覆盖率	11	93.65	97.62	95.74	1.30
互联网普及率	11	- 7.07	34.30	11.68	12.78
长途光缆线路长度	11	286642.00	831011.00	649794.40	184447.29
长途电话交换机容量	11	5635500.00	17092000.00	12640450.00	4278192.30
移动电话交换机容量	11	13985.60	150284.90	67305.98	49124.01
电话普及率（包括移动）	11	19.10	86.41	54.74	22.37
平均每人每年发函件数	11	5.30	8.30	6.30	1.05
平均每百人每年订报刊数	11	9.90	17.20	12.66	2.35
固定本地电话通话次数	11	2690.97	7399.80	6102.68	1439.52
固定长途电话通话时长	11	539.86	1040.63	782.59	170.49
移动电话通话时长	11	1845.30	43261.23	16827.70	14140.43
IP 电话通话时长	11	31.50	1494.90	971.68	507.17
移动短信业务量	11	- 1742.91	8277.46	3452.89	3458.52

续表

测量指标	N	极小值	极大值	均值	标准差
广播节目制作时间	11	3381500.00	6814200.00	5413405.00	1324759.70
电视节目制作时长	11	585007.00	2742900.00	2057843.00	791114.60
域名数	11	−603.44	1789.04	592.80	837.91
网站数	11	−54.77	323.00	122.91	126.11
主营业务收入	11	−1407.43	78023.52	38308.05	26486.80
利润总额	11	91.71	2816.71	1454.21	910.56
计算机软件著作权登记量	11	−7651.89	67912.00	24998.78	23161.90
研究与试验发展经费支出	11	−40.38	5791.90	2823.02	1931.18
研究与试验发展经费支出占 GDP 的比重	11	0.89	1.70	1.30	0.27
教育经费	11	2429.01	16045.52	9237.26	4560.45
教育经费占 GDP 的比重	11	4.29	4.77	4.59	0.14
普通高等学校在校学生数	11	572.89	2408.40	1490.64	610.45
技术市场成交额	11	281.64	3137.47	1709.56	955.72
有效的 N（列表状态）	11				

第四节　信息化水平测算

根据上述信息化水平测算模型与所选取的信息化评价指标体系，采用主成分分析法，对中国及各省市区信息化水平指标进行初步测算。

一　主成分分析法

主成分分析法是考察多个变量间相关性的一种多元统计方法，它是研究如何通过少数几个主分量（主成分）即原始变量的线性组合来解释多变量的方差—协方差结构，简单地说，主成分分析法是简化数据结构的方法，也就是设法将原来的指标重新组合成一组新的相互无关的几个综合指标来代替原来指标，同时根据实际需要从中选取几个较少的综合指标尽可能多地反映原来指标的信息。为了客观、准确地测算和比较各地区信息化水平，选用多元统计分析方法中的主成分分析法对综合评分分析方法计算的结果进行检验。主成分分析法的具体计算方法和过程为：

（1）将原始数据录入并进行无量纲化（标准化）处理。在原始数据的无量纲化处理过程中，使用的是正规化方法，即把原始数据数值标准化到0—1的范围，具体公式为：

$$x'_{ij} = \frac{(x_{ij} - x_{\mathrm{min}j})}{(x_{\mathrm{max}j} - x_{\mathrm{min}j})}$$

其中，x_{ij}为指标值，$x_{\mathrm{min}j}$为某项指标的最小值，$x_{\mathrm{max}j}$为某项指标的最大值。

（2）检验变量之间是否存在相关关系。在 SPSS 18.0 中，通过 Bartlett 球形检验来判断，如果相关阵为单位阵，则各变量之间相互独立，因子分析无效。另外，通过 KMO 检验，考察变量间的偏相关性。KMO 值取值在0—1之间，越接近于1，变量间的偏相关性越强，因子分析效果越好。实际分析中，KMO 值在0.7以上时，因子分析效果较好；KMO 值小于0.5时，便不适合使用因子分析。

（3）求得相关系数矩阵、特征值、累计贡献率等相关指标。

（4）对提取的核心因子进行分析和命名，使其具备实际经济含义并具备可解释性。

二 分析结果

本书采用 SPSS18.0 统计软件，对选取的31个原始指标进行统计分析，依据相关系数矩阵和反映像相关矩阵来测度是否适合做因子分析。所有的指标对因子的共同度均达到0.8以上，KMO 检验值为0.782（大于0.7），Bartlett 球形检验的 Approx χ^2 为639.96，其显著性概率是0.000，小于1%。做因子分析时提取公因子的方法是主成分分析法（Principal Component Analysis），因子旋转方法采用方差最大旋转法（Vari max）。删除了固定电话通话次数、电视节目制作时长和百人订刊数，它们在因子上的负荷系数均未超过 0.5。通过对评估指标值的统计分析，从原始数据中提取了 3 个公共因子，它们分别解释 66.991%、15.397%、14.853% 的总变差，累计解释了 97.241 总方差。3 个因子分别被命名为信息化基础设施、信息化设施利用水平和信息化环境。删除了百人年均信函发出数，其在 2 个因子上的负荷系数都超过了 0.5。3 个因子的内部一致性检验值 Cronbach's Alpha 都超过了 0.8，这充分说明，抽出的因子的信度和效度得到了很好的保证。KMO 和巴特勒检验、因子解释总方差及成分矩阵结果如表 3 - 9、表 3 - 10 和表 3 - 11 所示。

表 3 - 9 　　　　　　　　　KMO 和 Bartlett 球形检验

Kaiser - Meyer - Olkin Measure of Sampling Adequacy		0.782
Bartlett's Test of Sphericity	Approx χ^2	639.96
	df	465
	Sig.	0.000

表 3 - 10 　　　　　　　　　解释的总方差

成分	初始特征值			提取平方和载入			旋转平方和载入		
	合计	方差的百分比(%)	累计百分比(%)	合计	方差的百分比(%)	累计百分比(%)	合计	方差的百分比(%)	累计百分比(%)
1	26.537	85.603	85.603	26.537	85.603	85.603	20.767	66.991	66.991
2	2.451	7.907	93.510	2.451	7.907	93.510	4.773	15.397	82.388
3	1.156	3.731	97.241	1.156	3.731	97.241	4.604	14.853	97.241

表 3 - 11 　　　　　　　　　成分矩阵

	成分		
	1	2	3
电视节目综合人口覆盖率	0.998	- 0.003	0.015
电话普及率（包括移动）	0.998	- 0.037	0.008

续表

	成分		
	1	2	3
每百户电视机数	0.99	− 0.062	0.029
广播节目综合人口覆盖率	0.997	0.063	0.004
移动电话交换机容量	0.997	0.042	0.014
每百户家用电脑拥有量	0.996	0.086	− 0.017
移动电话普及率	0.988	0.144	0.022
移动电话年末用户	0.986	0.155	0.02
长途电话交换机容量	0.967	− 0.226	− 0.06
互联网普及率	0.964	0.202	0.162
长途光缆线路长度	0.949	− 0.282	0.1
固定长途电话通话时长	0.025	0.954	− 0.564
移动电话通话时长	0.362	0.950	0.01
移动短信业务量	0.287	0.947	− 0.036
网站数	0.272	0.945	0.12
计算机软件著作权登记量	0.266	0.93	0.14
域名数	0.218	0.93	0.033
广播节目制作时间	0.162	0.817	− 0.062
普通高等学校在校学生数	− 0.012	0.01	0.996
主营业务收入	0.063	0.053	0.993
利润总额	0.059	0.049	0.991
技术市场成交额	0.129	0.061	0.989
教育经费	0.108	0.255	0.988
研究与试验发展经费支出占 GDP 的比重	0.053	0.026	0.987
研究与试验发展经费支出	0.162	0.008	0.981
教育经费占 GDP 的比重	− 0.08	− 0.022	0.857
提取方法：主成分分析法			
a. 已提取了 3 个成分			

为中国的信息化水平做出综合评价，以因子的方差贡献率为权重求加权值得到信息化指标综合得分：$F = 0.66991 \times F1 + 0.15397 \times F2 + 0.14853 \times F3$。

应用上述综合得分公式，可以得到中国 2000—2010 年纵向信息化发展三个因子得分及综合得分如表 3 – 12 所示。由表 3 – 12 可见，2000—2010 年，中国信息化发展总体趋势是好的。

表 3 – 12 　　　　　　　　　　信息化 3 因子得分

年份	信息化设施	信息化利用	信息化环境	总分
2000	– 1.20494	– 0.55686	– 2.19177	– 1.04628
2001	– 0.84181	– 0.41170	– 1.07736	– 0.78684
2002	– 0.34193	– 1.90937	0.26777	– 0.48307
2003	– 0.33228	– 1.51166	0.49129	– 0.33762
2004	– 0.57627	– 0.08328	0.50783	– 0.27854
2005	– 0.60269	0.75924	0.51025	– 0.15129
2006	– 0.37937	1.07343	0.76242	0.02460
2007	0.01175	1.17804	0.72015	0.29621
2008	0.78293	0.14758	0.72938	0.62809
2009	1.53189	0.15719	0.76681	0.98249
2010	1.95272	0.18194	0.85314	1.15224

首先，我国的信息基础设施包括信息源、信息传输网络、信息应用系统，所谓的信息源就是数据库、信息库，所谓传输系统就是有线网络和无线网络。在 2000—2010 年间，我国的信息化技术设施建设经历了先平稳后快速增长的发展历程。基本形成了一个以光缆为主，微波、卫星为辅，覆盖全国、技术先进、容量巨大的网络基础平台；本地中继和接入光缆线路长度达 831011 万公里，为宽带的迅猛发展奠定了良好基础。

其次，我国信息化设施利用水平从时间角度上看发展良好。我国的网民数量、固定电话、移动电话和 IP 通话时长均快速增长。由于信息化投入的快速增长，居民素质的提升、研究开发力度的增加，我国的信息化发展环境已得到了较好的改善，呈现出良好的发展势头。

第五节　信息化水平的空间差异

就区域空间差异研究的地域单元而言，我国多数研究是选择东部、中部、西部三大地带，研究的范围较为宏观。实际上，省际差异也是全国整体差异的重要构成部分。因此，关注省际发展差异从中观层次上去揭示区域差异的本质具有重要的实践意义。

一　评价指标体系的修正

调研过程中发现，区域统计口径不一时有出现，为了确保定量研究的严谨性，本章结合资料的可获取性和可信度，对上文确定的指标体系进行调整与修订，使其在现有的统计条件下能够较为忠实地反映出所对应因素的真实意义，表 3 - 13 为现行的信息化区域差异评价指标体系。

表 3 - 13　　　　　信息化区域差异评价指标体系

二级指标	测量指标	单位
信息化基础设施	每百户居民电视机拥有数	部/百户
	每百户居民家用电脑拥有量	部/百户
	电话普及率	部/百户
	广播节目综合人口覆盖率	%
	电视节目综合人口覆盖率	%
	互联网普及率	%
	长途光缆线路长度	万公里
	长途电话交换机容量	路端
	移动电话交换机容量	万户
	移动电话普及率	部/百人

续表

二级指标	测量指标	单位
	移动电话年末用户	万户
	固定长途电话通话时长	亿分钟
	移动电话通话时长	亿分钟
	IP 电话通话时长	亿分钟
信息化利用水平	移动短信业务量	亿条
	全年广播节目播出时间	小时
	全年电视节目播出时间	小时
	互联网接入端口	万个
	网民数	万人
	国内专利授权数	件
	邮电业务总量	亿元
信息化环境	教育经费	亿元
	普通高等学校在校学生数	万人
	技术市场成交额	亿元

二 统计数据的收集及缺失值处理

区域信息化涉及领域繁多，数据来源广泛。本书所采用的数据主要来自《中国信息年鉴》、《中国统计年鉴》以及众多相关网站搜索的信息材料。全部数据统计年限均为 2009 年，统计口径为整个省市地区。在采用统计数据的同时，还进行广泛的调研工作，通过直接的访谈来了解和补充统计数据的不足。由于本部分分析的数据对象为截面数据，针对数据中的缺失，采用了均值插补法予以处理。收集得到的原始数据如附录的附表所示，对已经处理过缺失值的数据进行描述性统计分析，结果见表 3 - 14。

表 3 – 14　　2009 年信息化区域差异评价指标描述性统计

	样本数	最小值	最大值	均值	标准差
每百户居民电视机拥有数	31.00	93.41	187.74	119.55	20.54
每百户居民家用电脑拥有量	31.00	16.47	86.44	33.23	15.88
电话普及率	31.00	53.00	4149.11	877.21	757.69
广播节目综合人口覆盖率	31.00	43.99	106.59	71.36	15.47
电视节目综合人口覆盖率	31.00	124.00	8923.30	2409.18	1788.38
互联网普及率	31.00	86.60	100.00	95.55	3.45
长途光缆线路长度	31.00	803.00	77292.00	26806.90	15152.41
长途电话交换机容量	31.00	57304.00	3091375.00	542045.00	546089.00
移动电话交换机容量	31.00	184.00	16623.90	4647.90	3424.96
移动电话普及率	31.00	90.38	210.46	150.28	27.59
移动电话年末用户	31.00	10.80	736.00	174.25	143.44
固定长途电话通话时长	31.00	2.90	147.00	26.55	28.15
移动电话通话时长	31.00	64.20	4491.50	1140.36	854.34
IP 电话通话时长	31.00	2.30	300.10	37.58	56.68
移动短信业务量	31.00	15.20	824.90	249.24	190.49
全年广播节目播出时间	31.00	36574.00	812968.00	390077.39	240052.00
全年电视节目播出时间	31.00	45846.00	928740.00	503304.97	276745.00
互联网接入端口	31.00	15.70	1733.40	430.17	360.81
网民数	31.00	53.00	4860.00	1239.00	979.92
国内专利授权数	31.00	494122.00	11661554.00	4171500.00	2608590.00
邮电业务总量	31.00	30264.00	1653427.00	691824.84	442686.00
教育经费	31.00	5556.00	12362450.00	953524.43	2269130.00

三　测评方法——因子分析模型

因子分析模型中，假定每个原始变量由共同因子和唯一因子两部分组成。共同因子是各个原始变量所共有的因子，解释变量之间的相关关系。唯一因子，顾名思义是每个原始变量所特有的因子，表示该变量不能被共同因子解释的部分。原始变量与因子分析时抽出的共同因子的相关关系用因子负荷表示。

因子分析最常用的理论模式如下：

$$Z_j = a_{j1}F_1 + a_{j2}F_2 + a_{j3}F_3 + \cdots + a_{jm}F_m + U_j \qquad (3-2)$$

式中，$j=1，2，3，\cdots，n，n$ 为原始变量总数。可以用矩阵的形式表示为 $Z=AF+U$。其中 F 称为因子，由于它们出现在每个原始变量的线性表达式中（原始变量可以用 X_j 表示，这里模型中实际上是以 F 线性表示各个原始变量的标准化分数 Z_j），因此又称为公共因子。因子可理解为高维空间中互相垂直的 m 个坐标轴，A 称为因子载荷矩阵，a_{ji}（$j=1，2，3，\cdots，n，i=1，2，3，\cdots，m$）称为因子载荷，是第 j 个原始变量在第 i 个因子上的负荷。如果把变量 Z_j 看成 m 维因子空间中的一个向量，则 a_{ji} 表示 Z_j 在坐标轴 F_i 上的投影，相当于多元线性回归模型中的标准化回归系数；U 称为特殊因子，表示了原有变量不能被因子解释的部分，其均值为 0，相当于多元线性回归模型中的残差。

其中，Z_j 为第 j 个变量的标准化分数；F_i（$i=1，2，\cdots，m$）为共同因素；m 为所有变量共同因素的数目；U_j 为变量 Z_j 的唯一因素；a_{ji} 为因素负荷量。

四　分析结果报告

（一）因子的 KMO 信度检验

KMO 是 Kaiser – Meyer – Olkin 的取样适当性量数。KMO 测度的值越高（接近 1.0 时），表明变量间共同因子越多，研究数据适合用因子分析。通常按以下标准解释该指标值的大小：KMO 值达到0.9 以上为非常好，0.8—0.9 为好，0.7—0.8 为一般，0.6—0.7为差，0.5—0.6 为很差。如果 KMO 测度的值低于 0.5 时，表明样本偏小，需要扩大样本，此处的 KMO 值为 0.704，表示适合进行因素分析。Bartlett 球形检验的目的是检验相关矩阵是不是单位矩阵（identity matrix），如果是单位矩阵，则认为因子模型不合适。Bartlett 球形检验的虚无假设为相关矩阵是单位阵，如果不能拒绝该假设的话，就表明数据不适合用因子分析。一般来说，显著水平值越小（< 0.05），表明原始变量之间越可能存在有意义的关系，如果

显著性水平很大（如 0.10 以上），可能表明数据不适宜因子分析。此处的 Bartlett 球形检验的 χ^2 值为 1376.516（自由度为 276），伴随概率值为 0.000 < 0.01，达到了显著性水平，说明拒绝零假设而接受备择假设，即相关矩阵不是单位矩阵，代表母群体的相关矩阵间有共同因素存在，适合进行因素分析。KMO 和 Bartlett 球形检验结果如表 3 - 15 所示。

表 3 - 15　　　　　　　　KMO 和 Bartlett 球形检验

Kaiser – Meyer – Olkin Measure of Sampling Adequacy		0.704
Bartlett's Test of Sphericity	Approx χ^2	1367.516
	df	276
	Sig.	0.000

（二）共同因子方差是每个变量被解释的方差量

初始共同因子方差是每个变量被所有成分或因子解释的方差估计量。对主成分分析法来说，它总是等于 1，因为有多少个原始变量就有多少个成分，因此共同性会等于 1。抽取共同因子方差是指因子解中每个变量被因子或成分解释的方差估计量。这些共同因子方差是用来预测因子变量多重相关的平方。数值小就说明该变量不适合作因子，可在分析中将其排除。评价指标的标准化共同度计算结果如表 3 - 16 所示。

表 3 - 16　　　　　　　　标准化测量指标共同度

测量指标	初始值	抽取值
每百户居民电视机拥有数	1.000	0.798
每百户居民家用电脑拥有量	1.000	0.895
电话普及率	1.000	0.984
广播节目综合人口覆盖率	1.000	0.766
电视节目综合人口覆盖率	1.000	0.974

续表

测量指标	初始值	抽取值
互联网普及率	1.000	0.874
长途光缆线路长度	1.000	0.722
长途电话交换机容量	1.000	0.907
移动电话交换机容量	1.000	0.950
移动电话普及率	1.000	0.764
移动电话年末用户	1.000	0.953
固定长途电话通话时长	1.000	0.934
移动电话通话时长	1.000	0.976
IP 电话通话时长	1.000	0.794
移动短信业务量	1.000	0.940
全年广播节目播出时间	1.000	0.843
全年电视节目播出时间	1.000	0.894
互联网接入端口	1.000	0.882
网民数	1.000	0.973
国内专利授权数	1.000	0.968
邮电业务总量	1.000	0.851
教育经费	1.000	0.611

注：抽取方法为主成分分析法。

（三）旋转前总的解释方差

表 3 - 17 是评价指标因子分析的总的解释方差表。左边第一栏为各成分的序号，共有 24 个变量，所以有 24 个成分。第二大栏为初始特征值，共由三栏构成：特征值、解释方差和累计解释方差。合计栏为各成分的特征值，栏中只有 3 个成分的特征值超过了 1；其余成分的特征值都没有达到或超过 1。方差的百分比栏为各成分所解释的方差占总方差的百分比，即各因子特征值占总特征值总和的百分比。累计百分比栏为各因子方差占总方差的百分比的累计百

分比。第三大栏为因子提取的结果，未旋转解释的方差。第三大栏与第二大栏的前五行完全相同，即把特征值大于 1 的 3 个成分或因子单独列出来。这四个特征值由大到小排列，所以第一个共同因子的解释方差最大。三个因子分别解释了总方差的 47.268%、20.122% 和 14.532%。我们将抽出的 3 个因子分别命名为信息化基础设施、信息化设施利用和信息化环境。

表 3 – 17　　　　　　　　　　总方差解释

成分	初始特征值			提取平方和载入			旋转平方和载入		
	合计	方差的百分比（%）	累计百分比（%）	合计	方差的百分比（%）	累计百分比（%）	合计	方差的百分比（%）	累计百分比（%）
1	13.891	57.880	57.880	13.891	57.880	57.880	11.344	47.268	47.268
2	4.127	17.196	75.075	4.127	17.196	75.075	4.829	20.122	67.390
3	1.815	7.562	82.638	1.815	7.562	82.638	3.488	14.532	81.921

（四）旋转的成分矩阵

表 3 – 18 为旋转后的成分矩阵表，表中各变量根据负荷量大小进行排列。旋转后的因子矩阵与旋转前的因子矩阵有明显的差异，旋转后的负荷量明显地向 0 和 1 两极分化了。从旋转后的矩阵表中，可以很容易地判断哪个变量归入哪个因子（表中用黑体数字标出的变量分属不同的因子）。从上表看出，最后一个因子只有两个变量，包含变量不多，因此删除这个因子可能更为合适。但是，删除了一个因子后，因素结构会有所改变，需要重新进行因子分析。

表 3 – 18　　　　　　　　　　旋转后的成分矩阵

测量指标	1	2	3
每百户居民电视机拥有数	**0.958**	0.179	0.184
每百户居民家用电脑拥有量	**0.941**	0.061	0.293

续表

测量指标	1	2	3
电话普及率	**0.941**	0.147	0.03
互联网普及率	**0.937**	0.192	0.128
长途光缆线路长度	**0.924**	0.057	0.337
长途电话交换机容量	**0.921**	0.131	0.321
广播节目综合人口覆盖率	**0.917**	0.26	0.211
电视节目综合人口覆盖率	**0.904**	0.042	0.36
移动电话交换机容量	**0.868**	0.146	0.411
移动电话普及率	**0.844**	0.291	0.361
移动电话通话时长	0.311	**0.885**	0.632
IP电话通话时长	0.255	**0.802**	0.054
移动短信业务量	0.358	**0.768**	0.171
移动电话年末用户	0.37	**0.762**	0.179
全年电视节目播出时间	0.048	**0.757**	− 0.046
固定长途电话通话时长	− 0.028	**0.633**	0.183
互联网接入端口	0.096	− 0.635	**0.889**
网民数	0.202	0.44	**0.799**
邮电业务总量	0.163	0.525	**0.749**
国内专利授权数	0.485	− 0.469	**0.659**

五 信息化水平空间差异分析

采用因子分析法计算出中国 31 个省市区信息化要素的评价值以及信息化的综合值，运用 SPSS 18.0 软件对 31 个省市区的信息化水平进行模糊聚类分析，得到的结果如表 3 - 19 所示。

表 3 - 19　　　　　31 个省市区信息化水平聚类

类型	信息化设施	信息化设施利用	信息化环境	总体水平
高度发展	上海、浙江、北京、江苏、广东、重庆	北京、上海、浙江、广东、江苏、湖北	上海、江苏、广东、河北、浙江、北京	上海、浙江、北京、江苏、广东、重庆

续表

类型	信息化设施	信息化设施利用	信息化环境	总体水平
中度发展	天津、海南、湖北、四川、河北、福建、山东、辽宁、吉林、黑龙江、江西	海南、重庆、四川、河北、湖北、天津、福建、山东、辽宁、吉林、黑龙江、安徽	四川、福建、山东、湖北、天津、海南、辽宁、吉林、黑龙江、江西	四川、河北、福建、山东、湖北、天津、海南、辽宁、吉林、黑龙江、江西
低度发展	安徽、河南、山西、贵州、西藏、宁夏、内蒙古、广西、云南、甘肃、陕西、青海、新疆	河南、山西、贵州、江西、西藏、宁夏、内蒙古、广西、云南、甘肃、陕西、青海、新疆	山西、贵州、西藏、宁夏、内蒙古、广西、云南、安徽、河南、甘肃、陕西、青海、新疆	贵州、西藏、宁夏、内蒙古、广西、安徽、河南、山西、云南、甘肃、陕西、青海、新疆

从表 3 - 19 可以看出，广东、上海、江苏、北京等经济发达地区的信息化水平较高。无论是信息化基础设施建设、利用水平和信息化环境的打造均好于经济欠发达地区。这充分验证了谢玉先（2008）、张恒毅（2009）等人的研究，他们认为，信息产业对经济发展具有引领作用，信息化对传统产业具有带动作用，信息化对服务业具有促进作用，电子政务对经济发展具有服务作用。由此可以得到结论，中国存在着较为明显的"数字鸿沟"现象，这将是制约区域创新能力的一大外部环境要素。

第四章 信息化城乡数字
鸿沟分析
——以江苏省为例

"十二五"以来，江苏大力推进信息通信基础设施建设，出台《江苏省信息通信基础设施"十二五"建设发展专项规划》，制定了《加快推进信息通信基础设施建设的意见》，召开了全省加强信息通信基础设施建设电视电话会议，并与三大运营企业集团公司签订战略合作协议，不断加大投资力度，信息化发展水平不断提升。

信息化虽然是一个新概念，但其涉及的范围极为宽泛，所带来的问题极其深刻，需要研究的内容也极为丰富。无论国内还是国外，由信息化引发的经济、政治、社会、文化、军事、科技等深层次问题的研究，在理论和实践上都具有重要的价值，可以说是一个大有可为、值得开拓的学术研究的"新边疆"。信息化所带来的不但是一场产业技术革命，也是一次深刻的经济社会变革。如何抓住当今信息化发展的历史性机遇、加大信息技术推广应用、发展信息产业、开发利用信息资源、大力推动信息化与工业化融合，如何以信息化提高劳动生产率、调整经济结构、提高经济增长质量，已经成为具有重要的现实意义和理论价值的研究课题。

第一节 城乡信息化数字鸿沟基本概念

一 城乡数字鸿沟定义

关于城乡数字鸿沟的定义目前有两种观点。

第一种观点认为，城乡数字鸿沟是城乡信息通信技术接入和使用上的差异。拉德加德和曼格斯特尔（Rudgard and Mangstl，2004）强调，城乡数字鸿沟不仅仅是基础设施和连通性的问题，而且是包括无效的知识交流和内容管理、人力资源和机构能力的缺乏以及财政资源的严重短缺等众多层面的问题。波伊阿斯克（Pociask，2005）认为，城市和农村宽带服务的供应和使用的差距就是城乡数字鸿沟。尚克（Shanker）认为，城乡数字鸿沟是城市和农村人口在技术（计算机和通信）使用和接入上的差距。Furaholt 和 Kristiansen（2007）认为，城市和农村在频繁且有效使用数字技术特别是互联网方面的差距。国家信息中心"中国数字鸿沟研究"课题组在其《中国数字鸿沟报告（2008）》中指出，城乡数字鸿沟是指城市居民与农村居民在拥有和使用信息技术方面的差距。孙立芳和李月（2008）强调城乡数字鸿沟不仅仅体现在数字接入上的差距，也体现在城乡居民对信息通信技术应用能力上的差距。刘兴红（2009）提出城市与农村在信息技术方面存在的差距就是城乡数字鸿沟。

第二种观点认为，城乡数字鸿沟不仅仅是技术层面上的问题，更是一个复杂的社会问题。如高小卫（2007）认为，城乡数字鸿沟是指城市和乡村之间由于对信息工具的占有以及信息技术应用程度的不同所造成的信息贫富分化。操作化定义为两层含义：一是信息工具的占有；二是信息技术的应用。柏长德（2007）认为，城乡数字鸿沟是"数字鸿沟"的一种特定类型，它是指在当代社会信息化发展过程中，由于信息技术的迅速发展和有效应用而导致的一种城乡两大不同社区的信息活动主体之间的信息差距及其不断扩大的社会分化现象。其本质归于一点，即城市与乡村在使用信息通信技术获取和利用信息资源上存在的差距所造成的信息贫富分化问题。

第一种定义易于理解和分析，而第二种定义较为抽象不易于理解。在具体问题研究中，应根据实际情况选择合适的定义。

二　城乡数字鸿沟形成原因研究

对于城乡数字鸿沟的形成原因，不少学者进行了探讨。研究发现，根据因素对城乡数字鸿沟影响的条件性，可以将城乡数字鸿沟的形成原因概括为直接原因和间接原因。

（一）经济发展状况、收入水平、教育水平和信息技能的差异直接导致城乡数字鸿沟的形成

欣德曼（Hindman，2000）用多元线性回归方法研究了美国城乡数字鸿沟的形成原因，结果表明，比起地理位置来说，收入、年龄和教育水平与信息技术的使用之间联系更加紧密，并且这些指标与技术使用的正向关系随着时间的推移逐渐加强。张和沃尔夫（Zhang and Wolff，2011）指出，由于技术和经济方面的原因导致了农村和偏远地区的互联网用户较少有可能获得宽带接入。尚克认为，印度的城乡数字鸿沟是由教育水平、语言和收入水平的差异导致的。较低的教育水平限制了计算机的使用；语言对于印度来说是另一个障碍，大多数软件仍然是用英语的，而可见的市场太小无法为这一存在许多不同语言的大市场投资创建软件，因为公司无法确定他们能够收回投资。收入水平是又一个巨大的障碍，多数技术尚用美元计价，并且人们的收入是用当地货币计量，而当地货币对美元的汇率令人不快，使得购买相关技术服务超出大多数个人和企业的能力。Fong（2009）利用1985—2006年的数据，采用皮尔逊相关分析方法，研究了中国城乡信息技术使用率差距与收入差距之间的动态关系。结果表明，这一时期中国城乡的收入差距和互联网、移动电话、个人电脑以及电话普及率差距存在很强的相关性，对这些技术的购买力以及影响技术使用能力的教育水平造成了城乡数字鸿沟。

我国学者普遍同意这种观点。邹炳煊（2002）认为，现阶段信息基础设施和收入水平差距是城乡数字鸿沟形成的基本原因。前者决定农村地区有多少信息设施可用，后者决定其对信息设施使用量的多少。杨蓓蕾（2006）认为，我国城乡数字鸿沟产生和扩大的原因有经济发展不平衡、农民受教育程度低和信息基础设施落后。林岚、吴垠和张军（2006）指出，造成城乡数字鸿沟的主要原因首先在于城乡信息基础设施建设存在较大差距，农村各类信息基础设施不完善，农民利用信息基础设施获得公共信息服务的便利程度较差。此外，农村居民收入水平低、缺乏相应技能、内容相关性差也

是形成城乡数字鸿沟的重要原因。楚俊国（2006）认为，影响和制约农村通信发展的主要因素有：通信普遍服务机制长期缺位；高投入、高运营费用、低收入；经济发展落后，收入增长缓慢，通信消费不振；农民及农村信息意识淡薄。张玲（2006）认为，造成城乡数字鸿沟的主要原因是不同经济体之间在经济发展水平、信息基础设施、收入水平和教育发展水平等方面的差距。其中，信息基础设施、收入水平和教育水平等因素既是经济发展水平的表现，也是经济发展的结果，所以经济发展水平的差距是城乡数字鸿沟最重要诱因。蒋知义（2006）认为，城乡的信息化程度有如此大的差异主要是由以下几个方面决定的：农民信息化意识和利用信息的能力不强；农民经济条件差阻碍了农业信息化的普及；农业生产者信息获取渠道不畅通；现代信息系统建立与维护非常艰难。卓雄（2007）研究发现，四川省城乡数字鸿沟的形成原因有：农村居民家庭收入低，消费能力极其有限；数字化意识淡薄；农村数字化的推广体系弱；数字人才缺乏，劳动力的素质不高；农村数字化的市场需求规模小。国家信息中心"中国数字鸿沟研究"课题组（2008）认为，支付能力不足、知识技能欠缺是农村计算机推广应用的两大障碍，阻碍农村固话普及的原因是成本太高或农民支付能力偏低，以及农村通信基础设施落后。蒋真铮（2009）认为，农村计算机人均拥有率和互联网普及率较低，是城乡未成年人数字鸿沟差异的诱因；中小学在网络基础设施、信息资源建设、网络课程设置以及教师计算机水平上的差异，是城乡未成年人数字鸿沟差异的主要原因。李友志等（2009）研究了哈尔滨城乡数字鸿沟，结果表明，造成该鸿沟的原因有：城乡之间教育水平差距；城乡之间经济收入差异；使用媒介的情况差异和性别因素的作用。

（二）人口密度、空间地理位置、政策、市场和制度因素的差异间接导致城乡数字鸿沟的形成

大部分学者认为，人口密度低、空间地理位置不好造成农村信息基础设施投资成本和信息技术使用价格高，是导致城乡数字鸿沟的主要原因。霍利菲尔德和唐纳迈耶（Hollifield and Donnermeyer,

2003）认为，较低的人口密度使得农村地区难以支持诸如宽带所需要的昂贵的技术投资。此外，农村的采用时间明显滞后于城市地区，这减慢了支持基础设施建设经济上所必需的需求与发展。霍利菲尔德和唐纳迈耶（2003）认为，居住地的空间位置会影响信息通信技术以及其他高科技的使用状况，进而导致美国城乡之间的数字鸿沟。鲁伊兹（Ruiz，2004）认为，许多因素导致了美国城乡数字鸿沟的形成，但人口因素和地理因素是最主要原因。对于相同服务来说，美国农村居民经常要比城市居民付出更高的价格，因为互联网服务提供商想要补偿服务人口稀疏地区的利润损伤。更有甚者，一些农村地区是零宽带接入，因为互联网传送公司不愿意在无法获利的人口稀疏地区建立昂贵的配线。

波伊阿斯克（2005）认为，美国城乡小企业数字鸿沟的形成有需求和供给两方面原因。需求方面的原因包括公司大小、地理和文化特征的差异；供给方面的原因包括宽带提供者避免在高成本地区投资。此外，较高的成本导致了较高的消费价格，而这抑制了需求。布鲁尔（Brewer，2005）认为，城乡数字鸿沟的形成原因包括网络内容、政策、信息基础设施和文化因素的差异，并着重分析了信息基础设施的差异。指出农村地区信息基础设施的缺乏是由于较低的人口密度导致的。基础设施的费用与其覆盖的范围一般是成正比的，而收益则取决于受到影响的人们的数量。因此，与城市地区不同，农村人均基础设施费用过高，即使资本容易获得且政府的障碍低，由于基础设施净增加生产力受到人口密度的限制，因此不能仅依靠返回的利润维持投资。苏夫拉等（2006）则认为，较低的人口密度和潜在消费者的收入使得农村市场对网络供应商失去了吸引力，从而导致许多发展中国家和发达国家的农村地区没有好的网络连通性解决办法。贝马迪等（Bemardi et al.，2008）指出，农村地区较低的用户密度和很远的用户群距离，使得价格极其昂贵以致无法配置诸如城市地区见到的有线接入技术（如 DSL、电缆、光纤），除非由政府授权而且大部分由政府补贴。萨瓦达等（Sawada et al.，2006）介绍了加拿大的城乡数字鸿沟状况，他认为，连接加拿大北部的、隔离的、农村的和遥远的地区的住处，所需有线基础设施安装和维护的费用高昂，是导致其形成的原因。BBC 在线新闻（2007）指出，甚至发达国家的农村地区在宽带互联网接入上落后于城市地区，这是由于农村地区的人们有较少的选择宽带供应商的机会，并且要为较低的网速支付更高的价格。OECD（2008）在其《经合组织国家宽带的增长和政策：主要的发现》报告中重申了这一观点。何枭吟（2009）指出，美国乡村和城市、中心城市和非中心城市间通常存在十分显著的数字鸿沟。由于地形和人口分布差异造成网络服务供应的成本很高，城市人口密集有助于高投入的网络通信设施产生规模经济，而农村居民收入低（网费相对较高），难以形成旺盛的有效市场需求，导致农村往往是数字鸿沟中信息贫乏者较多的地方。

也有少数学者认为，政策、市场和制度因素的差异也会造成城乡数字鸿沟。加布和阿贝尔（Gabe and Abel，2002）认为，城市和农村地区在综合服务数字网技术方面的鸿沟似乎在扩大，而导致数字鸿沟扩大的因素是：对先进服务的需求、未来的技术的不确定性、国家的电信法律环境。高小卫（2007）从全球化因素、制度因素、经济因素、教育因素和信息技术发展的特殊因素五个方面分析了城乡数字鸿沟的成因。其中，制度因素方面原因是我国长期以来的户籍制度、重工轻农的投资制度，使得绝大多数财政支出和国债资金用在城市和其他非农领域，政策安排对农民不利，加剧了农民的发展劣势。柏长德（2007）强调城乡分割的二元结构、对"三农"投入不足、农民信息能力低下、区域与政策优势不明显等造成了湖南省较严重的城乡数字鸿沟。其中，城乡信息化发展不协调的一个重要原因是目前的法律、法规在保护农民利益方面还有不完善的地方。

从现有研究来看，国内外对城乡数字鸿沟原因研究较多，但大多采用定性分析方法，定量研究文献较少且研究方法仅限于采用线性回归分析和相关分析。

三 城乡数字鸿沟测度研究

目前对城乡数字鸿沟测度的研究不多，在研究方法上，学者们采用了德尔菲法、加权平均法、问卷调查法。如林岚、吴垠和张军（2006）通过德尔菲法建立衡量数字鸿沟的指标体系，通过采用问卷调查完成指标测度和指标量化，利用"居民数字化指数"对北京市城乡数字鸿沟进行测度，研究表明北京市城镇户口居民数字化指数为46.5，而农村户口居民数字化指数是35.8，相差近11分之多，显示出城乡间巨大的差异。国家信息中心"中国数字鸿沟研究"课题组（2008）利用加权平均得到的"城乡数字鸿沟综合指数"（城乡DDI）对我国城乡数字鸿沟进行了测度。测算结果表明，2007年，城乡数字鸿沟总指数为0.64，即农村信息技术应用总体水平落后于城市64%左右，表明城乡之间存在着明显的数字鸿沟，主要体现在计算机和互联网方面，固定电话和移动电话方面的差距居中，彩电方面的差距最小；城乡数字鸿沟呈缩小趋势，2002—2007年城乡数字鸿沟指数下降13.5%。李友志等（2009）采用问卷调查方法获取数据，从知识储备和大众媒介两方面测度了哈尔滨城乡数字鸿沟，结果表明哈尔滨城乡数字鸿沟确实存在且较为明显。在测度内容上，从网络意识、网络接入和网络利用三方面进行测度。如美国国家电信和信息管理局（NTIA，1995）在其《在网络中落伍：一项对美国城市和乡村信息穷人的调查》报告中，分别利用电话渗透率、计算机渗透率、调制解调器渗透率测度了美国的城乡数字鸿沟。中国互联网网络信息中心（CNNIC，2010）采用互联网普及率测度了2005—2009年我国城乡数字鸿沟，研究表明，我国城乡数字鸿沟较大且呈扩大趋势。此外，孙立芳和李月（2008）从"ICT设备的占有情况"、"互联网利用程度"、"ICT基本技能"三方面建立城乡数字鸿沟指标体系，通过德尔菲法确定指标权重，选取大学新生为切入点，以其常住地作为划分城乡的标准，用"大学新生个人数字能力指数"对我国城乡数字鸿沟进行测度，发现我国城乡数字鸿沟的确存在且较为显著——城乡间的ICT享用机会指数均值的差为0.60955，互联网利用的为0.29348，基本技能的为0.18026。现有文献在对这一问题研究过程中，忽视了网络环境的影响，无法准确衡量城乡数字鸿沟大小，抑或是指标体系的构建以及指标权重的确定缺乏合理性和客观性，影响测度结果的准确性。

第二节　江苏省城乡数字鸿沟的表现

根据城乡数字鸿沟的定义，从网络接入和网络利用两个层面分析江苏省城乡数字鸿沟的主要表现。

一　网络接入

网络接入是指居民应用信息通信技术所需的信息通信技术公共设施建设和信息通信技术工具拥有状况。江苏城乡网络接入存在较大差距，主要表现在彩色电视机、固定电话、移动电话、家用电脑拥有量的差异上。

信息通信技术工具的占有状况可以反映出城乡居民使用信息通信技术的可能性及其便利程度。江苏城乡信息通信技术工具的占有差距是其城乡数字鸿沟的最重要证据。具体见表4－1。

表4－1　　　　　　　　江苏省城乡通信工具拥有量

年份	城镇居民家庭平均每百户彩色电视机拥有量（台）	农村居民家庭平均每百户彩色电视机拥有量（台）	城镇居民家庭平均每百户计算机拥有量（台）	农村居民家庭平均每百户计算机拥有量（台）	城镇居民家庭平均每百户固定电话拥有量（部）	农村居民家庭平均每百户固定电话拥有量（部）	城镇居民家庭平均每百户移动电话拥有量（部）	农村居民家庭平均每百户移动电话拥有量（部）
2005	153.2	104.7	46.4	2.9	130.8	89.4	120.6	78
2006	158	118.1	52.5	11.1	131.5	93	132	114.7
2007	161.1	125	59	16.9	124.9	93.4	149.5	137
2008	162.9	129.1	68.2	6.7	113.2	93.2	166.4	131.4

续表

年份	城镇居民家庭平均每百户彩色电视机拥有量（台）	农村居民家庭平均每百户彩色电视机拥有量（台）	城镇居民家庭平均每百户计算机拥有量（台）	农村居民家庭平均每百户计算机拥有量（台）	城镇居民家庭平均每百户固定电话拥有量(部)	农村居民家庭平均每百户固定电话拥有量(部)	城镇居民家庭平均每百户移动电话拥有量(部)	农村居民家庭平均每百户移动电话拥有量(部)
2009	166.8	134.7	75.7	8.2	110.5	91.9	176.2	143.7
2010	170.7	142.1	81.4	11	109.3	90.9	183.3	171
2011	171.8	140.5	96.9	37.6	83.1	73.6	210.9	184.9
2012	173.5	144.2	100.3	45	82.8	74.5	215.7	203.2
2013	171.5	149	98.1	36.5	69.8	72.2	233.2	218.8

资料来源：《中国统计年鉴》、《江苏省统计年鉴》及《第三次经济普查数据》。

（一）城乡彩色电视机拥有量差距

电视是江苏居民获取各种信息的重要渠道，并且在未来相当长时间内仍将发挥重要的作用。不仅如此，随着数字电视的快速发展，电视在为江苏居民提供信息方面的地位和作用也将进一步加强。

2013 年，江苏城镇居民家庭每百户年底彩色电视机拥有量为171.5 台，比上年增加 2 台，增长幅度为 1.1%；农村居民家庭每百户年底彩色电视机拥有量为 149 台，比上年增加 4.8 台，增长幅度为 2.8%；城镇居民每百户彩色电视机拥有量比农村居民多 22.5 台（见图 4 -1）。

2005—2013 年，江苏城乡彩色电视机拥有量差距逐年缩小。彩色电视机拥有量城乡差从 2005 年的 48.5 台下降到 2013 年的22.5 台。

（二）城乡固定电话拥有量差距

固定电话是传统的信息传播途径，为江苏居民生活和生产经营

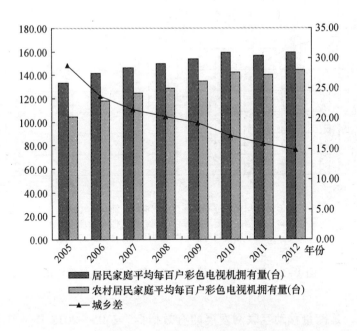

图4-1　江苏省城乡居民家庭每百户彩色电视机拥有量

活动的开展提供了极大的便利。随着网络技术的发展，采用拨号上网的网民数不断增加，固定电话的作用再次显现出来。随着江苏农村经济的发展和应用固定电话成本的降低，农村居民家庭每百户固定电话拥有量较之2005年增加了很多。而更具优势的移动电话和互联网的兴起，使得城镇居民减少了固定电话的使用，将信息通信技术工具的选择向移动电话和互联网转移。与2005年相比，城镇居民家庭每百户固定电话拥有量较之2005年减少许多。正因为如此，江苏城乡固定电话拥有量差距从2005年的41.4部迅速降至2013的-2.4部（见图4-2）。

（三）城乡移动电话拥有量差距

越来越多的人渴望在任何时刻和任何地方都能快速地接入互联网，获取所需的信息，做自己想做的事情。目前，移动互联网正逐渐渗透到人们的工作、生活的各个方面，手机游戏、视频应用、短信和铃图下载、手机支付、移动音乐等众多移动互联网应用迅猛发展，极大地丰富了人们的社会生活。移动电话是移动互联网的重要

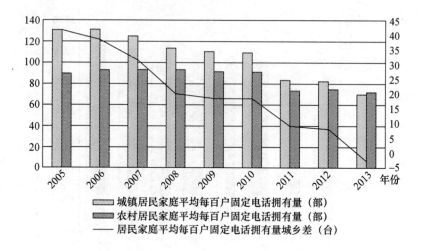

图4-2 江苏省城乡居民家庭每百户固定电话拥有量

设备，是衡量移动互联网发展的有效指标。2005—2013年，江苏城乡居民家庭每百户年底移动电话拥有量都快速上升，如图4-3所示。2005年，农村居民家庭每百户年底移动电话拥有量为78部，而城镇居民家庭每百户年底移动电话拥有量为120.6部，绝对数额比前者高出42.6部。2013年，农村居民家庭每百户年底移动电话拥有量为218.8部，而城镇居民家庭每百户年底移动电话拥有量为

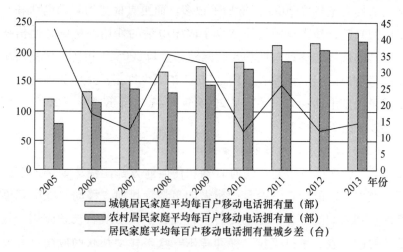

图4-3 江苏省城乡居民家庭每百户移动电话拥有量

233.2 部，绝对数额比前者高出 14.4 部。2005—2013 年（2005 年除外），江苏城乡居民家庭每百户年底移动电话拥有量的相对差距不断缩小，绝对差距先增大后减小，二者差距已经不大。

（四）城乡家用电脑拥有量差距

家用电脑是互联网的主要终端设备，是居民参与网络活动的基本工具。居民家庭每百户家用电脑拥有量反映家用电脑的普及状况，是衡量城乡数字鸿沟的重要指标之一。如图 4－4 所示，2005 年，江苏城镇居民家庭每百户年底拥有家用电脑 46.4 台，之后几年逐年递增，截至 2013 年年底，城镇居民家庭每百户拥有家用电脑数量上升到 98.1 台，是 2005 年的 2 倍。2005 年，农村居民家庭每百户年底拥有家用电脑 2.9 台，之后几年有所增加。截至 2013 年年底，农村居民家庭每百户拥有家用电脑数量上升到 36.5 台，是 2005 年的 12.6 倍。虽然与城镇相比，农村居民家庭每百户年底拥有家用电脑数量年均增长率较高，但由于基数太小，城乡居民家庭每百户年底拥有家用电脑数量差距逐年增大，差距绝对额由 2005 年的 43.5 台扩大到 61.6 台。差距扩大的原因主要是农村互联网基础设施建设滞后造成的。

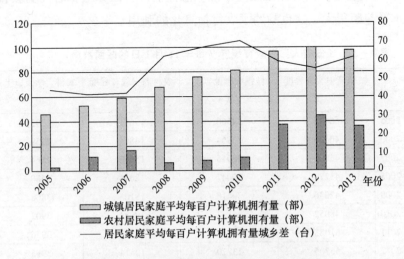

图 4－4　江苏省城乡居民每百户计算机拥有量

二　网络利用

网络利用是指居民利用信息通信技术服务的程度。即使实现了网络接入，也不能保证信息通信技术能够得到充分有效地利用。农村居民知识水平相对城市居民来说，相差悬殊。很多农村居民因为不会使用信息通信技术工具，从而放弃利用信息通信技术从事各项活动的机会。江苏城乡除了在网络接入上存在较大差距外，其在网络利用方面状况也不容乐观。

（一）通信业从业人员素质差距

信息化的利用效率很大程度上取决于主体的教育水平，居民接受的教育越高，其信息化利用越充分。采用每年 11 月 1 日的江苏省城乡人口受教育情况指标差距来衡量城乡网络利用的差异状况，如表 4－2、图 4－5 和图 4－6 所示。由图 4－5 不难看出，2005—2013 年，江苏城乡高中教育人数差距明显，城镇高中教育人数每年大约都是农村人数的 3 倍，而且，两者之间的差距还在逐年扩大。图 4－6 更进一步显示了江苏省城乡居民教育水平差距的明显，城镇大学教育人数每年都约是农村大学及以上教育人数的 10 倍。而且自 2006 年以来，这种差距逐年增加。总体上说，江苏城乡居民受教育水平差距很大，这也制约了农村信息化的利用水平。

表 4－2　江苏省人口受教育程度（每年 11 月 1 日的截面数据）

年份	城镇高中教育程度（人）	城镇大学及以上（人）	农村高中教育程度（人）	农村大学及以上（人）
2005	60497	34600	19681	2393
2006	40673	23964	14804	2359
2007	43030	28915	15156	2564
2008	43279	30047	18644	3480
2009	42036	29416	18105	3808
2010	48052	36552	19034	3902
2011	51083	39823	15893	3956
2012	55705	43770	12414	3995
2013	54006	44157	12842	4393

资料来源：历年《江苏省统计年鉴》。

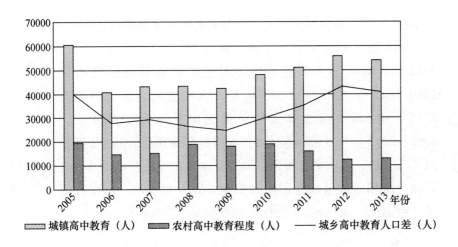

图4-5　江苏省城乡高中教育水平人口差距

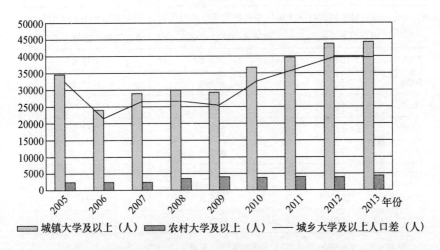

图4-6　江苏省城乡大学及以上教育水平人口差距

（二）城乡通信消费支出差距

城乡交通和通信消费支出有效地反映了城乡数字鸿沟的大小。一般情况下，交通和通信支出越多，表示居民对互联网、电话等信息通信技术工具的利用越多，这将进一步刺激服务提供商加大这一领域的投资。

2005年，江苏城镇居民家庭平均每人全年交通和通信消费支出为1050.9元，农村居民家庭平均每人全年交通和通信支出为363.8元，城乡交通和通信消费支出差额为687.1元，如表4-3所示。2012年，城镇居民家庭平均每人全年交通和通信消费支出为2689.5元，农村居民家庭平均每人全年交通和通信消费支出为1311.1元，城乡交通和通信消费支出差额为1378.4元。尽管2005—2012年（2007年除外），农村在交通和通信消费支出已经提高了2.6倍，城乡交通和通信消费支出相对差距持续减小，但是城乡间交通和通信消费支出绝对数额差距并没有减小，反而还变大了，由2005年的687.1元增至2012年的1378.4元。

表4-3　　　　城乡居民家庭人均交通和通信消费支出

年份	城镇居民家庭人均交通和通信消费支出（元）	农村居民家庭平均每人交通和通信消费支出（元）	居民家庭平均每人交通和通信消费支出城乡差（元）
2005	1050.9	363.8	687.1
2006	1203.5	465.2	738.3
2007	1303	544	759
2008	1358	614.2	743.8
2009	1721.9	691.6	1030.3
2010	1935.1	785.5	1149.6
2011	2262.2	923.9	1338.3
2012	2689.5	1311.1	1378.4

资料来源：《中国统计年鉴》、《江苏省统计年鉴》及《第三次经济普查数据》。

这反映出江苏农村与城镇相比，信息通信技术市场目前还很不发达。同时，这意味着农村信息通信技术市场是一个很有发展前途的潜在市场，但当前的状况也透露出进军农村市场的风险，使服务提供商望而却步。

综上所述，江苏城乡数字鸿沟形势严峻，研究发现，城乡在网络利用、公共设施建设、新兴信息通信技术工具占有上的差距都较大，而在传统信息通信技术工具占有上的差距相对较小。

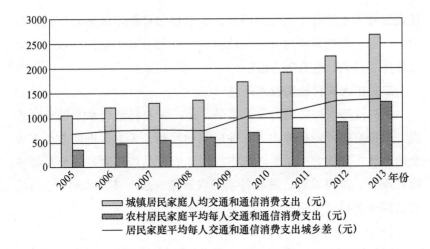

城镇居民家庭人均交通和通信消费支出（元）
农村居民家庭平均每人交通和通信消费支出（元）
居民家庭平均每人交通和通信消费支出城乡差（元）

图 4-7 江苏省城乡居民家庭人均交通和通信消费支出

第三节 江苏省信息化均衡发展策略

一 提振农村居民消费信心

近年来，江苏人均 GDP 保持了较快增长，居民消费能力不断增强，但是农村居民较高的边际消费倾向并未转化为有支付能力的实际需求。这是众多因素影响居民消费心理和消费倾向造成的。社会保障不健全这一现实状况下的收入和支出预期的经常变动，是农村居民消费的后顾之忧。住房、教育、医疗支出占农村居民总消费支出的比例不断增大，导致居民用于其他方面的消费受到抑制。不容忽视的是不少居民因此产生了极强的支出预期，产生了平常省吃俭用和难以轻松消费的现象。城乡居民消费水平差距的持续增大，抑制了城市化水平的提高，也导致了城乡数字鸿沟的恶化。

提高居民的消费水平，主要应建立完善的社会保障制度，提振农村居民的消费信心，使农村居民从容消费、放心消费。完善的社会保障使农村居民在消费时心里更踏实；缺乏完善的社会保障，即使农民收入水平有了很大的提高，他们也很可能不敢随心所欲地消费。因此，要完善农村社会保障制度，增加公共产品的供应，尤其是住房、养老、教育等方面。

二　扩大农村居民收入来源

提高江苏农村居民的收入水平，是扩大农村消费水平的基本前提。要提高农村剩余劳动力在地区间的流动；大力促进高效生态农业的发展，降低农产品生产成本，增加农产品产出效益；坚持城乡统筹兼顾、协调发展，贯彻各项惠农政策，进一步加大对"三农"的扶持和转移支付额度。

（一）推进收入分配制度改革

要加快推进收入分配制度改革，调整江苏居民收入分配格局，缩小收入分配差距。逐步规范收入分配秩序，提高收入分配的透明度。建立健全职工工资的正常增长和支付保障机制，使劳动报酬的提高与劳动生产率同步增长。认真施行对垄断行业工资总额和工资水平的双重调控政策，缩小不同行业收入差距。想尽一切办法促进农民持续增收，统筹城乡发展，不断缩小城乡收入的差距。强化税收对收入分配的调节力度，降低中低收入者税收总额，提高对高收入者的税收征收额度。推进基本公共服务均等化，大幅度增加对农村地区民生领域的投入。加快完善社会保障体系，促进农村居民转移性收入的增加。

（二）加大惠农政策支持力度

建立贯彻落实政府惠农政策的长效机制，为农民持续增收增添可靠保障。完善农产品销售服务体系，全力组织收购主要农产品，大幅度提升粮食最低收购价格，大幅度提高对种粮农民的补贴。统筹考虑化肥、农药等农资价格和粮食价格的变动情况，进一步加大农资综合直补。调高良种补贴标准，并将补贴的范围扩大，使其涵盖水稻、棉花、小麦和玉米等。同时，把农机具补贴范围和种类也扩大，使其包括农业动力机械、耕种、排灌、园艺和畜牧等，并且提高补贴标准。进一步完善农资市场调控机制，适当扩大农资淡季商业储备规模，保证农资供应及市场价格的基本稳定，建立农资价格上涨和提高农资综合直补联动机制，强化农资市场监管，加大对生产销售假冒伪劣农资行为的打击力度。

各部门应继续落实母猪补贴和政策性保险，奖励生猪养殖农户，完善应对生猪生产周期性波动措施等政策。尽快制定和认真落实好整顿及振兴奶业的相关政策，全力强化质量管理和相应制度建设，加大扶持力度，免费提供奶牛养殖技术指导和服务，促进奶业持续健康快速发展，培育现代奶业。切实落实取消农业税、实行免费义务教育的政策，但是城乡居民间的收入差距却在不断扩大。相比之下，农村居民的收入水平还是处于较低水平。只有不断增加农村居民收入，才能逐步提高农村居民的生活水平，促进人们的身心健康和全面发展。

提高江苏农村居民收入水平是一项艰巨而紧迫的任务，应从以下几个方面努力：（1）拓宽农村居民的增收渠道改变江苏农村居民传统的守业顾家的思想观念，鼓励越来越多的农村居民走出家门，从农村走向城镇，走进大城市、中心城市，开辟新的增收途径。（2）加强农村劳动力就业培训，提高农村居民的信息意识，让他们真正掌握基本信息通信技术应用，以获取所需信息的重要性和紧迫性。这就要求政府、企业和个人，应该做到思想上重视数字鸿沟，端正态度，树立危机意识；既不盲目乐观，也不消极视之。

一方面，政府和企业应利用现有的众多大众传播媒体和其他各种方式，对提高信息通信技术使用技能，缩小城乡数字鸿沟的意义进行长期地宣传。引导农村居民树立正确的信息权利观念，提高在学习、工作和生活中维护信息权利的意识；同时，改变人们对数字鸿沟现象存在的错误认识，消除"随着时间的流逝，城乡数字鸿沟能够自然消除"的思想。

另一方面，向广大江苏居民提供集视频、文字、声音等功能为一体的综合信息交互服务，使广大农村居民利用电视机即可实现上网。开通"江苏省新农村综合信息服务网站"，打造农村信息服务站，开辟具有江苏特色的"三农"信息服务链，使广大农村能够方便快捷地获取"三农"信息。为此，要加快发展针对农村居民的电子商务、远程教育和远程医疗，搭建服务"三农"的多元化信息平台，使农村居民能够通过农村信息服务网络发布农村产品信息。

三 大力改善农村教育环境

江苏农村居民信息通信技术服务消费意识的缺乏或薄弱，很大程度是由于教育水平有限造成的，并且也限制了他们对信息通信技术的应用。因此，江苏应大力推进农村教育事业的发展，提升农村居民教育水平，促进农村居民享用信息通信技术服务，提高他们的生活质量。

促进义务教育均衡发展，改善农村教育环境，有效配置教师资源，促进教育的城乡协调有序发展，创建平等和谐的义务教育环境。政府要增加教育经费投入，确保农村教育发展的基本条件得以保障，改善农村中小学的办学条件，包括农村教师办公环境和学生生活条件的改善。强化农村中小学师资队伍建设，提升农村教师的素质和业务能力。建立城乡教师双向定期交流制度，确定"校对校"结对帮扶关系。政府拿出专项经费，大力改善农村教师的居住条件，实现居者有其屋。增加农村中小学教师的编制数，稳定引进教师和招聘师范经济困难学生都能通过获取资助顺利完成学业。鼓励高等学校、企事业单位、社会团体和组织、个人设立各种形式的助学金，向贫困学生提供帮助。同时应努力使更多的高校贫困生享受这些优惠政策，不应该获得资助的学生要使其及时退出资助行列，让出名额。为此，应该建立合理的评定机制，设计可行资助规划；建立普惠式社会资助机制，使贫困学生都能享受；探索新形式并丰富已有的助困形式。

四 加大农村居民信息技能培训

农村居民的信息技能对其应用信息通信技术参与经济社会生产生活至关重要。由于知识水平有限，再加上处于农村社会环境，大量农村居民缺乏信息技能，这极大地剥夺了他们参与信息化成果的权利。为此，必须将政府有机的组织培训、社会团体和企业培训机构的有效培训以及教育机构的培养结合起来，通过多元化的途径和手段，多层次培养信息通信技术人才，提高江苏居民的信息通信技术应用水平以及对信息的收集、鉴别和使用能力。

　　江苏政府应该为在农村地区开展信息技能培训或信息素质教育营造良好的社会氛围，大量培训农村信息通信技术应用人才，提高农村各个行业的信息化水平。首先，出台优惠政策对有关信息技能培训的书籍、期刊予以大力支持，鼓励图书馆、文献情报中心、电子期刊网等信息资源库提供更多的免费信息资源，并给予适当补贴。其次，以各镇为单位，由镇政府出资聘请专业信息技能培训，每年举行定期或不定期的针对农村居民的免费信息技能培训。另外，鼓励社会各界在农村地区兴办信息技能培训学校或企业，利用市场机制的资源配置作用和优胜劣汰机制，培育一批有实力的培训机构。加大信息通信技术在农村生产生活领域中的应用。积极推进信息产业在"三农"领域的深入应用，为农村经济社会发展和生活水平的提高提供强有力的支撑。

第五章 区域创新能力 测量、评价及 内部结构分析

第一节 区域创新能力概念

区域创新能力同样属于宏观层次创新能力,是一个系统的、综合的能力体现,是指一个地区进行资源要素的有效配置,提高经济增长质量,促进可持续发展的能力。

熊彼特关于创新的基本思想仍然是理解宏观层次上的区域创新能力的核心。区域创新能力为一个地区进行资源要素的有效配置,提高经济增长质量,促进可持续发展的能力。其基本组成要素有两类,即制度能力和技术能力。统一考虑技术和制度因素,是技术创新理论,制度创新理论研究的一个新的发展阶段(张义梁,2006)。尼尔森(Nielsen,1998)还指出,制度创新与技术创新应该相辅相成,并应更广泛和深入地利用制度创新促进技术创新。在制度建设上,考虑市场机制与政府调节两种力量,在推动科技进步与经济社会发展中各有长短,应当综合利用,取长补短。

一 创新制度能力

制度能力是指一个国家或地区进行制度变革的能力,这个制度因素不是指狭义层面的与科技相关的小制度,而是与整个经济社会体制相关的大制度,对应于中国国情,其核心是为技术能力的发展以及更广泛的资源要素有效率配置提供一个好的制度框架和有效

激励。

创新制度能力缺乏实际的计量变量，因此，从不同因素出发寻找其代理变量。

（一）国有经济比例

国有经济由于面临着产权不清晰，中央计划干预和预算软约束等问题，经营绩效普遍较差（除了垄断行业），使国有企业的治理结构效率低于非国有企业，国有企业发展需要体制改革，推进企业治理结构的完善，提高全要素生产率。

（二）对外开放

贸易和资本流动均会影响一个国家或地区的资源配置和生产率水平。对外贸易扩大了市场容量，有利于规模经济的实现和专业化分工的演进，有利于生产效率的动态改善；推动技术外溢和创新应用，使国际市场国内化、国内市场国际化。这种激烈竞争，将迫使各国创新制度演进，促使国家经济管理体制，市场运行机制不断调整与转变。

（三）市场化程度

市场化指标可以概括为：政府和市场的相互关系，非国有经济在总体中所占比重、产品市场发展的成熟度、生产要素市场发展的成熟度、中介服务机构配套及法律法规。

二 创新技术能力

技术能力是指一个国家或地区技术系统所具有的提高各种资源要素配置效率，促进科技进步，经济社会发展的能力。其影响因素包括技术系统中科学、技术要素发展程度和相关制度，如市场与政策。

（一）技术投入能力

国内外所有研究技术能力的文献中，计量技术投入时都把 R&D 投入作为代理变量，并分解出两类：R&D 资本投入及 R&D 人员投入。可以找到相关统计年鉴，各地区 R&D 经费支出和各地区从事科学技术活动人数，通过计算 R&D 支出占 GDP 的比重，从事科技活动的人数占每百万人口的比例得到强度指标。

（二）技术能力产出绩效

技术能力产出可以分为专利产出及新产品产出。在很多情形下，国际上还以发明专利作为专利产出的代理变量。我国在进行工业和科技统计时，通常把新产品开发和销售作为新产品产出指标。综合来讲是把各地区发明型专利授权数和新产品销售收入作为统计数据，并将每百万人口发明型专利授权数以及全部销售收入中的新产品销售收入所占比重折算为强度指标。

（三）技术转化和吸收能力

大范围的技术转化和吸收必须发挥技术市场作用，对于技术扩散能力指标采用技术市场合同交易强度。针对地区技术转化和吸收，应考虑企业技术引进情况和当地技术市场交易两个方面进行统计量的设计，指标有两个：一是当地大中型工业企业由区域外购买技术总费用与企业销售收入比值；二是该地区流进技术市场成交额和该地区 GDP 比值。

（四）技术支撑能力

大多数研究技术能力的文献都包含技术支撑能力指标，具体表述上有些许差异，但至少包含两种：人力资本支撑与物质资本支撑。

三　创新资源

创新资源是指区域内创新组织用于创新的资源，主要包括区域内知识资源、人力资源、财力资源和技术设备等。知识资源是指创新活动所需的各种科技文献、期刊、专利、数据库，以及以图书、图纸、光盘、胶片等各种载体形式储备的科技信息，它们是创新活动的知识基础。人力资源是指从事创新活动的人员，包括直接从事创新活动的研发人员和为创新活动服务的辅助人员。他们是创新活动的行为主体，在创新活动中居主导地位，起着决定性作用。财力资源是指用于创新活动的资金，主要来源包括政府拨款、企业或科研单位自有资金、市场化融资（银行贷款、发行证券、基金等）和风险投资等。技术设备是指用于创新活动的各种仪器设备，分布于大学、研究所、企业的研发中心、中介服务机构等，它们是区域创新的物质基础。

创新资源作为创新活动的投入要素，是区域创新活动的基础，是区域创新能力必备要素之一。创新资源既是区域历史积累和以往创新结果，又是今后创新基础和起点。如果区域创新资源丰富，那么区域创新能力具备了发展壮大的可能性。如果区域创新资源极度贫乏，那么创新资源将成为区域创新能力的提升"瓶颈"，可能制约区域创新能力发展。发达国家的发展经验表明，创新资源是一国创新能力建设的基础，创新能力不强的重要原因之一是创新资源的相对不足和利用效率低下。

创新资源分布于区域内企业、大学、研究机构等创新组织。经过多年努力，我国企业技术创新的主体地位逐步显现，企业创新资源日渐丰富。根据《2008 年中国科技统计年度报告》，2007 年，我国各类企业 R&D 支出为 2681.9 亿元，占全社会比重为 72.2%；R&D 人员研究机构和高等学校 R&D 人员合计不到全国的 1/3，企业及其他超过 2/3。虽然多数企业已经认识到研发的重要性，但是由于企业技术储备不够，高水平创新人才少，创新团队建设滞后，拥有自主知识产权的新产品少，仍然难以发挥创新主体的作用。虽然企业人力、资金实力日益雄厚，但多数企业创新能力难以同步提升。2004—2006 年，在全国规模以上工业企业中只有 28.8% 的企业开展了创新活动。

经过 60 年建设、改革与发展，我国高校与科研院所已积聚了大量创新资源。根据《2008 年中国科技统计年度报告》，2007 年，高校 R&D 活动人员为 25.4 万人，R&D 经费为 314.7 亿元，其中来源于政府的资金为 177.7 亿元、企业资金为 110.3 亿元、国外资金和其他来源的资金为 26.7 亿元。中央政府研究机构的数量和人员大幅减少。从 1998 年的 791 个减少到 2007 年的 319 个；从业人员从 28.16 万人减少到 9.26 万人；科技活动人员从 16.96 万人减少到 6.55 万人。

四 区域文化

区域文化是指区域内人们的认知、思想感情和追求的社会意识形态，包括价值观念、社会心理、风俗习惯、道德准则等，其自觉和不自觉地影响人们行为方式。区域文化体现在区域内人们生产和生活的方方面面。区域文化具有四点特征：（1）时空传承性。区域文化在一定地域内能够延续和传承。有的区域文化能够延续很久。（2）同化性。优秀的区域文化能够兼容一些外来文化。中国历史上几个强势少数民族入侵中原，也把这些民族文化带到中原，但是能够长期延续下来的很少，多数被儒家文化所同化。创新行为会受到区域文化影响，其他区域成功经验移植来可能不会产生同样效果。（3）可塑性。区域文化通过吸收外来文化优秀因素，内容不断丰富，扩大领域。（4）相对独立性。由于区域自然条件、社会环境差异，人们所形成的实践方式和思维方式不尽相同，形成各具特点的区域文化，做同样事情的方式可能不一样，差异的行为方式内嵌了区域文化，如酒文化、茶文化、服饰文化等。

由于自然地理环境、人文因素及历史发展等因素差异，一个国家可能形成若干特色鲜明的区域文化。长期以来，独特的文化心理积淀直接或间接地造成不同区域人们各有千秋而又相对稳定的传统习俗、风土人情、文化性格和心理特征，使不同区域具有不同的文化特征。如西北文化求稳惧变，东南文化市场意识强烈，浙江文化崇尚经商等。

区域文化是区域创新能力提升的一个重要因素，在区域创新中具有独特作用，是其他有形资源和技术所无法替代的。我国地域辽阔，不同区域生产方式、生活习惯、自然环境差别很大，这些不同条件和环境对区域文化的形成起着重要作用，尤其是长期沉积下来的区域价值观念、风俗、行为规范、文化传统和惯例等对区域经济活动至关重要，直接或间接地决定着区域创新活动方式。区域文化就像是一条无形的纽带紧紧地连接着每个创新组织，通过对人的各种影响来参与经济活动，进而影响区域创新能力。区域研发人员创新精神、创新组织间彼此信任的协作关系、开放的思想交流氛围等有利于区域创新。开放的信息交流环境有利于新思想、新技术在区域内传播、学习；相互信任和开放的心态，使得人们之间交流和互动频繁，加快了新思想、信息和创新扩散速度；只有开放的创新文化才能提高对创新失败的容忍度。迈克尔·波特认为，基于文化的竞争优势是最根本的、最难以替代和模仿的、最持久和最核心的竞争优势。

区域文化影响创新人员的价值观念和行为规范，也影响区域内社会资本的规模、人与人的信任度。不同区域对于情感、功利、社会关系的观念不同，有些区域重视情感胜过功利；有些区域则比较功利，情感相对淡漠。区域文化大致包括两部分，一部分是区域的特色文化，赋予区域个性化，区域间差别很大，特色鲜明，这部分对区域创新影响很大，但是不具有可比性。另一部分是共性文化，劳动者素质、教育水平、文化设施等，具有可比性。根据评价指标原则，本书采用后者。劳动者是区域创新的最宝贵资源。知识经济时代，人力资源居第一位。人才来自良好的教育，教育培养人才、提高劳动者素质。文化设施是区域文化活动的载体，良好区域文化需要以完善的文化设施支撑，区域内大学、图书馆、研究院所的数量在一定程度上代表了文化设施。因此，区域文化用劳动者素质、教育和文化设施三个指标群测度。

五 社会资本

社会资本是指区域内创新组织通过长期交往而形成的社会关系网络，网络内部相互信任、互利互惠，成员能够从网络中获得某些创新资源。社会资本具有五个特征：

（一）社会关系网络

区域内创新组织经过长期交往，互相了解，筛选出遵守规则、信誉好的创新组织作为合作对象，达成互利互惠协议，形成相对稳定的关系网络。由于研发人员在不同创新组织间流动，结成了广泛的同事网络，并且与同学网络、朋友网络、血缘网络相互重叠，形成了一个宽范围、多领域、链接各个层面的社会关系网络。硅谷地区快速发展原因之一是，由于区域内存在产业合作网络、社会关系网络和人际关系网络。

（二）无形资本

社会资本表现为惯例以及创新组织的声誉、信誉。有些区域信誉好，有些区域声誉差。信誉为区域树立了一个外在形象，是一种无形资产。高度互信能够降低市场风险，降低交易成本，这是互惠交易的前提。社会关系网络内成员共同认可、自觉履行的行为规范也能够降低协调成本。

（三）公共资源

社会资本存在于社会关系网络中，不依附于某个人，具有公共性质。但是社会资本不是对任何人开放，而是只为网络成员提供便利。若干创新组织经过长期合作一旦形成这种公共资源，就成为一种集体财富。社会关系网络通过吸纳优秀新成员、淘汰不合格旧成员来维持网络的社会资本。一旦区域形成了丰富的社会资本，树立了良好的区域形象，就会为网络成员带来源源不断的经济回报。

（四）具有区域特色

硅谷、剑桥、筑波的社会资本各有特点，尽管区域内共享价值观念和行为规范，但是具体内容不同。硅谷崇尚创新和冒险，员工在职业与公司之间更忠于公司。硅谷员工频繁流动，快速形成关系网络，有助于技术转移和扩散。剑桥崇尚自主性，员工忠诚于公司胜过创新和承担风险。筑波的规范是指令与服从，忠于公司，希望一生只在一家公司工作，公司之间缺乏足够交流。有些高技术根植于特定区域社会网络，硅谷员工即使换了公司，仍然有可能继续留在硅谷，部分原因是他们的技能更适合于硅谷的劳动力市场。

（五）不可转让性、不可复制性

因为社会资本与区域文化紧密相连，难以分割，所以社会资本很难被其他区域所复制。硅谷的成功在全球树起了一个榜样，各国纷纷效仿硅谷模式，建立高新技术园区，但是像硅谷那样成功的没有。主要原因是硅谷的社会资本源于硅谷的历史文化传统，而其他区域不可能复制硅谷的历史文化。如果一项创新活动因为某些因素在某个区域开始，那么长期积累起来的知识和专门技能很难转移到其他区域。

社会资本具有结构维度、关系维度和认知维度。A、B、C、D、E表示创新组织，双箭头线段表示创新组织间的社会关系，见图5-1。

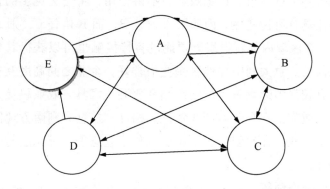

图5-1　社会资本结构

社会资本的结构维度表现为社会关系网络的网络规模、网络层级、网络资源量、网络几何形状、网络成员异质性、网络稳定性等方面。社会关系网络犹如公路网，为创新组织互动学习、交流信息提供通道，是创新组织获取创新资源的重要渠道。当若干创新组织开发出一组有效的、可靠的创新资源交换通道，并且可以开发出一个或多个可以渗透、扩大的组织边界来框定其网络组织成员时，一个社会关系网络也就形成了。

社会资本的认知维度是嵌入社会关系网络中被成员认同的、共享的范式，体现为行为规范和共享愿景，如公路交通规则，用于规范网络成员的行为。行为规范是在创新组织长期交往过程中建立起来的，有利于防止机会主义行为。如果合作中产生了误解、矛盾，共享规范来协调解决，提高合作创新绩效。共享愿景内嵌于创新组织目标中，使不同创新组织具有共同创新目标，容易达成互惠协议。一个普遍依赖、互惠的区域比一个没有信任的区域更有效率。网络成员通过定期交流，维持共同的行为规范。

社会资本的关系维度是指根植于社会关系网络中的信誉程度，

表现为信任，如驾驶员遵守交通规则程度。信任是创新组织通过长期交往而形成的对网络成员可信赖程度的评价。创新资源交流的前提是信任。如果创新组织声誉良好，其他创新组织就愿意与它合作。如果某个创新组织道德败坏，不讲信用，将失去更多的合作伙伴。信任具有可传递性，即如果 A 信任 B，而 B 信任 C，则 A 也会信任 C。在区域内创新组织无须通过直接接触也可以获得其他创新组织的信任。意大利中部地区企业信誉好，企业之间高度互信，形成了具有较强国际竞争力的纺织品和服装、家具、农业机械、制鞋设备、优质陶瓷和瓷砖等产业集群。相反，在意大利南方地区家族企业互不信任，导致创新、企业活力和企业竞争力都无法与中部企业相提并论。

六 合作创新

由于技术越来越复杂、技术发展速度越来越快、不确定性增大，创新组织独立创新既没有必要，而且难度、成本、风险也越来越大。从 20 世纪 80 年代开始，合作创新引起各国政府、企业、高校、科研机构的普遍关注，合作创新在全球范围呈现上升趋势，越来越多创新组织倾向于合作创新。创新已经成为一个社会行为、集体行动。根据《2008 年中国科技统计年度报告》，2007 年"863"计划和支撑计划企业与科研院所或高等学校合作项目占 29.9%。星火和火炬项目产学研合作项目占 12.4%。合作创新是指企业间或企业与大学、研究机构围绕共同的创新目标，投入各自的优势创新资源，分工协作，共同完成技术创新的行为。合作创新通常以合作伙伴的共同利益为基础，以资源共享或优势互补为前提，有明确的合作目标、合作期限和合作规则，合作各方共同投入、共同参与、共享成果、共担风险。通过合作创新可以使研发的外部效应内部化，提高研发效率，降低研发的重复投资。合作可以发生在技术创新的全过程，也可以发生在某一阶段或几个阶段，合作有多个切入点和多个退出点，参与合作的创新组织可以在技术创新过程中任意阶段介入，也可以在任意阶段退出。合作创新可以分为不同种类，根据合作创新组织是否属于同一区域，可以分为区域内合作创新与区域间合作创新。区域间合作创新是指不同区域的创新组织合作创新。区域内合作创新是指同一区域的创新组织合作创新。区域内合作创新可以分为企业间合作创新与产学研合作创新。

（一）企业间的合作创新

企业是以利润最大化为目标的经济组织，由于企业发展历史、所处产业不同，拥有创新资源差别很大，在资源禀赋、技术能力方面具有异质性，即使是同一产业的企业核心技术能力也各有侧重，如海尔、海信虽然同属家电行业，但是海尔优势在于电冰箱，海信优势在于彩电。区域内企业间合作创新可以实现创新资源共享，分担创新成本和分散创新风险。企业间合作创新通常有三种模式：

（1）强强联合。拥有雄厚创新资源的企业相互合作，形成技术创新的规模优势。强强联合已经成为当前技术联盟的一大特色。如IBM、东芝、西门子共同研发新型电脑DRAM芯片。美国波音公司与日本三菱重工共同开发波音767宽体民用喷气客机。

（2）优势互补。在创新资源方面拥有不同优势的企业合作创新，形成创新资源组合优势，实现优势互补，资源共享。由于合作双方创新资源具有异质性，合作伙伴可以充分利用对方的创新资源优势，避免因创新资源重复而造成的资源浪费，降低创新成本，实现"双赢"。如海尔与微软合作，海尔优势在于家用电器，微软优势在于操作系统，合作目的在于共同开发网络家电。

（3）学习型。创新能力薄弱的企业与创新能力雄厚的企业合作创新。通过合作，弱势企业能够系统地学习优势企业的创新管理经验，优势企业也能获得资源、能力或市场等。学习并获得合作伙伴特有知识是企业参与合作的主要动机之一。日本汽车公司和韩国半导体企业通过与西方跨国公司合作创新，学习西方创新经验，在国际市场上迅速发展壮大。

（二）产学研合作创新

大学优势在于科技信息丰富、高层次人才多，弱势在于对市场需求了解不够，研究过于注重学术性，与经济联系不太密切，研发经费不足等。企业强项是拥有完备的生产设施、众多经验丰富的技术人员、研发资金充裕、了解市场需求等，不足体现在研发能力薄弱、技术信息比较贫乏。如果企业与大学、研究院所合作创新，则能够实现优势互补。产学研合作创新可以分为三种：

（1）技术转让。技术转让是指企业根据需要购买技术，高校将技术以技术交易方式出售给企业。高校完成前段创新，企业进行中试、工业化和市场开发。

（2）合作开发。合作开发是指企业投入人力、资金，由企业提出具体创新目标，或者由高校根据掌握的技术将其推向企业，合作双方共同参与，共同进入某一阶段的创新过程。如天津大学、华东理工大学与中国石化总公司、石油天然气总公司全面合作，建立面向企业的研发机构，使一批科技成果转移到企业。

（3）共建创新实体。共建创新实体是指企业、大学围绕共同目标将各自部分创新资源整合，统筹规划，统一管理，统一使用，在创新成果共同分享基础上组建实体性的合作创新组织。

七　创新产出

创新产出是指创新组织的创新成果，主要体现为新产品、新工艺和新知识。根据《2008年中国科技统计年度报告》，2007年，大中型工业企业共实施新产品项目11.2万项，新产品销售收入达4.1万亿元，占全部大中型工业企业主营业务收入的15.7%。新工艺、新技术体现在专利技术方面。2007年，国内专利的申请和授权总量分别为58.6万件和30.2万件。国内发明专利的申请量为15.3万件，国内发明专利的授权量为3.2万件。国内发明专利的申请量和授权量所占比重仍然最低，分别为26.1%和10.6%，国内发明专利的授权在三类专利中比重偏低的状况仍然没有根本性改变。科技论文是创新产出的重要形式之一，它反映我国在基础研究与应用研究等方面的创新产出。2007年，我国国内科技论文数达46.3万篇，SCI收录中国内地论文8.91万篇，EI收录中国内地论文7.6万篇。一个区域创新产出受到当地创新资源、经济水平、科技水平、制度条件、区域文化等众多因素影响。我国创新产出区域特征明显，主要集中在东部沿海区域，尤其是上海、广东、江苏等区域。

第二节 区域创新能力评价及空间差异

一 区域创新能力评价指标的理论来源

某个地域的创新活力和持久性首先取决于其地区的创新能力，是决定一个地区在国家竞争和世界总格局中地位的重要因素。

区域创新能力研究作为国家创新体系研究的延续和深入，是国家创新体系绩效跨国比较的一种形式化方法，也是内生增长理论、国际竞争力理论和技术创新理论在创新研究中的应用。关于区域创新体系的研究主要集中在两个方面：一是创新能力综合测度研究，从世界范围来看，创新能力测评与实证研究的开展至今已整整 50年，其间经历了单指标测评向多指标测评的转变，目前已经积累了丰富的文献资料。二是区域创新能力研究影响因素集成分析，主要通过建立影响区域创新能力的分析框架，挖掘制约创新能力增强的"瓶颈"，提出相关政策建议。该研究主要是继承了国家创新体系研究的分析传统，将创新能力理论和竞争力理论进行了有机结合。目前，这方面的研究以波特等人的分析框架为代表。

应该看到，近年来学术界虽然对区域创新能力概念界定和测评进行了开创性研究，但是有关创新能力理论体系的构建还没有取得突破性进展，众多研究文献对区域创新能力影响因素的因果关联的实证结果并不一致，因而也就使得很多创新能力测度方案设计缺乏应有的理论支撑。

同时，有关区域创新能力测评研究成果虽然甚多，但其中大多研究主要基于构建的指标体系，通过事先设定权重进行综合评分和排序。这种将评价对象的排序作为最终结果的研究有一个明显不足，即研究成果的客观性和实用性不够强，评价和排序的结果只有相对意义，对隐藏在数据或排序背后的潜在信息和深层机理没有进行深层次挖掘，设计的对策和提出的政策建议缺乏科学、客观的指导意义，因而这类研究还有很大的改进和完善空间。本书基于以上考虑，将以中国31个省市区级创新能力的内部结构体系因果关系展开实证，以期为区域创新能力的测评指标体系的构建提供理论上的支持。

1990年，美国加利福尼亚大学的苏亚雷兹－维拉（Suarez－Villa）提出国家创新能力概念。他认为，国家创新能力是创新能力理论在国家层面的应用，同时也涉及教育、知识产权制度和法律等环境驱动因素，提出用专利水平衡量国家创新能力的观点。

OECD是最早对国家创新能力进行研究和测度的国际性组织，其对国家创新能力的认识是一个逐步深入的过程。通过1981—1998年科学技术指标的研究，他们认为，国家创新能力是环境因素、集群因素和大学、中介因素共同作用的结果，这一框架在后来的研究中得到了进一步深化和完善。

1995年，弗里曼提出国家创新体系的概念，国家创新体系成为分析国家创新能力和创新绩效的重要概念框架。2002年，福尔曼、波特和斯特恩在创新能力理论、国家竞争优势理论和国家创新体系理论的基础上进一步界定了国家创新能力的概念，强调对国家而言其创新成果世界新颖的重要性，认为公共创新基础设施、集群环境以及两者之间的联系是影响国家创新能力的重要因素。在国家创新体系理论基础上发展起来的国家创新能力概念，突出从全球的角度考察国家层面的创新能力，以及国家在创新能力提升过程中的作用。波特等人的分析框架是目前国家创新能力（National Innovation Capacity，NIC）测度的主流，被后续研究频繁引用。2005年，胡和马修斯（Hu and Mathews）提出，国家创新能力是国家持续创新活动的制度潜能，强调了创新的持续性以及制度对创新能力形成的重要性。2007年，马修斯和胡又对波特等人的概念进行了修正，认为衡量技术领先国家和技术落后国家的创新（能力）的标准应该存在差异，前者为世界新颖（new－to－the－world），后者为国家新颖（new－to－the－country）。胡和马修斯的工作是波特等人基础上的深化和拓展，并没有突破原有的国家创新能力理论框架。

国外学者对创新系统的动力元素研究可以分为两个层面：宏观

和微观。首先，理查德等人（2011）通过问卷调查收集数据实证检验了国家创新系统和企业创新系统的关系，他们发现企业创新系统能更有效地利用各类信息提升创新能力。同时，企业创新系统应与国家创新系统联动，充分利用信息源，方能提升国际竞争力。费伯和赫森（Faber and Hesen，2004）利用1992—1996年欧盟成员国的研发数据，检验了创新活动、R&D、专利授权和销售的新产品的动力因素，统计结果表明：专利依赖创新产品的销售。此外，国家创新的结果指标取决于大致相同的宏观、微观条件，也就是国家的制度决定着专利数量和创新产品的销售。华和马修斯（2008）发现大学的创新能力对中国国家创新能力具有强烈的促进作用。Becheikh、Landry和Amara（2006）通过对1993—2003年的文献整理，发现制造业的创新活动受到企业内部因素和外部因素的共同作用。其中，创新内部因素包括公司的全球战略、公司的组织结构、公司管理活动、管理团队、公司资产及战略；外部因素包括公司所处的行业、公司所处的地区、网络、知识和信息的可获性、政府政策、文化因素。创新活动的测量指标包括R&D、专利等。谢尔和杨（Sher and Yang，2005）运用台湾半导体行业数据，实证检验了企业的创新能力对企业绩效（资产回报率）具有强烈的促进作用，R&D强度和R&D人员的数量和素质也是提高企业绩效的重要推动指标。

就创新研究所使用的技术方法来说，多元回归分析——特别是OLS被广泛应用于创新活动的研究之中，其他的研究方法诸如Probit、Logit、Tobit和Poisson回归也偶有所见，基于多元测量的创新结果变量被回归为1个解释变量进入模型。需要指出的是，最近几年，结构方程模型和相关分析（Pearson相关、Canonical相关和Spearman排列相关）也引起了学者们的关注，并被用于研究之中。

国家创新能力构成的理论模型是建立国家创新能力测度指标体系的基础，而国家创新能力概念又是构建国家创新能力理论模型的前提。实际正是对国家创新能力理解的不同，才建立了各具特色的国家创新能力测度指标体系。承接国外的研究成果，国内的学者对创新能力的理解基本趋于一致。

从国内研究看，针对国家创新能力的测评研究文献最为丰富，很多学者基于不同的视角对创新能力的评价进行了实证研究。周立、吴玉鸣基于《中国国家创新能力报告》中的数据，采用因素分析与聚类分析相结合的综合集成评估方法，对我国大陆31个省市区级国家的创新能力进行了定量评估及比较，同时探讨了因素分析法对加权综合评价方法的替代技术。李习保基于国家创新系统的分析框架，根据我国各省、直辖市、自治区1998—2005年的创新活动数据，实证分析影响我国区域创新能力差异的效率因素，并解释导致这种差异和区域集聚的制度原因。张继宏、张洪辉首先界定了国家集成创新能力概念，进而以概念内涵为依据，在国家创新系统框架内，尝试构建国家集成创新能力评价指标体系，该指标体系是对我国自主创新能力评价指标体系研究的进一步深化。陈武、王学军对我国1988—2007年的智力资本水平和创新能力进行了评估，首先对区域（国家）智力资本和区域（国家）创新能力进行了概念界定，并设计了一套测度指标体系，继而在数据收集与处理的基础上对我国20年的智力资本水平和创新能力采用因子分析方法进行了分层评估，最终得到我国20年的智力资本指数和创新能力指数。

目前存在许多不同的衡量方法和测度指标，在以上的研究文献中，大部分从三个方面设计测度指标用于测量国家层面、产业层面和企业层面的创新能力：投入、产出和环境。其中，投入类指标包括R&D、资本、劳动力、工程技术人员比例、FDI；产出类指标包括专利、新产品、出口、技术贸易、科技论文、经济增长；环境因素包括政治法律、网络、市场结构、科技体制等。这些指标是否可以用作创新能力的测量应依靠下面一些学者对创新能力影响因素的孜孜不倦的探讨。

国家创新能力的影响因素是另一块引发学者研究兴趣的领域，众多学者通过定性或定量分析，探索国家创新能力的影响因素，得到的结论非常丰富。主要代表观点有：魏守华认为，国家创新能力取决于创新基础设施、产业集群的创新环境、科技与产业部门联系的质量和国际技术溢出的吸收能力。张家峰、赵顺龙根据2000—

2007 年统计资料，运用知识生产函数对江浙沪区域技术创新能力的影响因素进行实证研究，研究结果表明，大中型企业对区域的创新产出具有显著的促进作用，科研机构与高等院校对区域创新产出贡献不明显，人力资本在创新产出中具有最大的贡献作用。郑宗生、吴述尧、何传启对世界 100 多个国家的生活质量指数和国家创新能力指数等进行相关性分析。结果表明，生活质量和国家创新能力呈显著正相关关系。汪玉凯在《中国党政干部论坛》2007 年第 12 期上撰文认为，在经济全球化和信息化相互交织发挥作用的时代，一个国家信息化水平的高低，不仅反映着一个国家的综合竞争实力、经济发展水平，而且也反映着一个国家的创新能力。黎峰通过对影响我国自主创新能力因素的实证分析得出：专利保护程度、科技实力、教育水平、进口贸易及外商直接投资对我国自主创新能力提高起着明显的促进作用，而出口贸易及对外直接投资对我国自主创新能力提高的作用并不明显。魏守华、吴贵生、吕新雷基于福尔曼等（2002）的国家创新能力分析框架，运用 1998—2007 年我国省级面板数据实证检验区域创新能力的影响因素，结果表明，区域创新能力不仅受 R&D 活动规模等创新基础条件影响，更重要的是受区域创新效率影响，创新效率依赖区域特定的因素，包括产业集群环境、产学研联系的质量、对区外技术溢出的吸收能力。范承泽、胡一帆、郑红亮通过建立一个简单模型，以世界银行对中国公司的调查数据为基础，实证研究得出两个结论：第一，一个公司在研发方面的投入随其引进的外商投资数量的增多而减少；第二，行业层面的 FDI 对该行业中外商投资较多的企业的研发投入起更大的积极作用。陈晓光认为，由于知识的非竞争性，基于 R&D 的内生增长模型存在规模效应，即人口数量越大，从事 R&D 的人员越多，经济增长率越快。王红领、李稻葵、冯俊新认为，FDI 的进入对国家创新能力的影响有"抑制论"和"促进论"之说，他们收集了我国科技开放与 FDI 方面行业层面的面板数据，通过回归分析考察了 FDI 对我国民族企业自主创新能力的影响。研究结果支持了"促进论"的观点。刘军、李廉水、王忠用 1999—2007 年省级面板数据研究产业聚集对中国区域创新能力的影响，结果显示，在控制了科技人员投入、科技经费投入和制度创新的条件下，产业聚集显著促进区域创新，但对区域创新的作用略低于科技经费投入、科技人员投入和制度创新，分行业比较分析表明，不仅高技术产业聚集有利于区域创新，传统产业聚集对区域创新也有正的影响。

综上所述，一方面，创新能力的一些测评指标与区域创新能力的关系已经得到了证实；另一方面，影响创新能力的因素非常复杂。就现有的研究成果来看，众多学者从宏观层面实证分析了产业集群、创新的基础设施、FDI、人力资本投入、生活质量、信息化水平、专利保护制度、科技投入、教育水平、进出口、R&D 规模等因素对创新能力的作用。大部分的研究结论支持了以上因素对创新能力的促进作用，但是，我们依然看到，另有一些学者的研究结果是相反的现象。因此，针对创新能力影响因素的研究依然任重而道远。特别是以上文献对创新能力影响因素的实证，尚未见到从投入、产出、环境的系统观的视角，验证创新能力系统测评体系的可成立性。绝大多数的文献只是选择了部分变量验证其对创新能力的作用。

二　区域创新能力测量指标设计

基于技术创新理论、创新系统理论和竞争力理论，在正确理解创新能力概念、内涵和特征基础上，根据数据的可得性，选择了一套全面、客观的创新系统的变量指标。这套变量包括创新投入、创新产出和创新环境三个方面。每个方面又包含二级隐变量。

（一）创新产出变量的选择

本书从两个方面衡量创新的产出：知识产权产出和新产品产出。在考察知识产权产出时，选择专利申请数、专利授权数、科技论文检索总量作为测量指标。考察新产品产出时，我们选择了新产品产值、新产品利润和技术市场成交额作为测量指标。

（二）创新投入变量的选择

对创新能力的投入因素，选择了人力资本和 R&D 投入进行衡量。在考察人力资本投入时，选择科技活动人员总量、科技活动人员投入强度、科学家和工程师人数作为测量指标；考察 R&D 投入时，我们选择了 R&D 投入强度、人均 R&D 经费支出、科技机构科技活动人员人均活动经费、固定资产投资效果系数、R&D 经费总量作为测量指标。

（三）创新环境变量的选择

对创新能力的环境因素，选择了市场开放程度、制度因素、产业集聚、资源存量、信息化水平。我们用 FDI 在 GDP 中的比例测量市场开放程度，科技活动经费筹集额中金融机构贷款、政府在创新中的基础性支撑作用、非国有经济固定资产投资占全社会固定资产投资比重测量制度因素；当年教育经费投入占总财政支出比重、GDP、科技机构数测量资源存量；信息化水平则从邮电业务总量、网络接入端口总数、计算机拥有量、电信业务总量方面测量。整个体系共涉及 27 个测量变量，部分可以从历年的《中国统计年鉴》、《中国科技统计年鉴》、《中国高新技术产业统计年鉴》等其他来源直接得到，其余 7 个需要计算，计算方法和文献来源如表 5 - 1 所示。

表 5 - 1　　　　　　变量的含义、测度方法及文献来源

一级指标	二级指标	测量变量	文献来源
创新投入	人力资源投入	科技活动人员总量（万人）v1	陈红川（2010）
		科技活动人员投入强度 v2	福尔曼等（2002）
		科学家和工程师人数（人）v3	郑雨苹、张良强和郑建锋（2010）
	R&D 投入	R&D 投入强度 v4	希特等（1997）、科尔兹等（2002）
		人均 R&D 经费支出（万元/人）v5	陈红川（2010）
		科技机构科技活动人员人均活动经费（万元/人）v6	OECD（2008）
		固定资产投资效果系数 v7	胡和马修斯（2005）
		R&D 经费总量（万元）v8	陈红川（2010）

续表

一级指标	二级指标	测量变量	文献来源
创新产出	新产品产出	新产品产值（万元）v9	雷蒙德和皮埃尔（2010）
		新产品销售收入（万元）v10	赫森（2001）
		技术市场成交额（万元）v11	福尔曼等（2002）
	知识产权产出	专利授权数（件）v12	张继宏和罗玉中（2009）
		人均专利授权数（件/人）v13	张继宏和罗玉中（2009）
		专利申请数（件）v14	陈红川（2010）
		科技论文检索总量（篇）v15	郑雨苹、张良强和郑建锋（2010）
环境与制度因素	市场开放程度	FDI 在 GDP 中的占比 v16	泽特（1987）
	制度因素	科技活动经费筹集额中金融机构贷款（万元）v17	郑雨苹、张良强和郑建锋（2010）
		政府在创新中的基础性支撑作用（万元）v18	郑雨苹、张良强和郑建锋（2010）
		非国有经济固定资产投资占全社会固定资产投资比重 v19	OECD（2008）
	区域产业积聚特征	产业增加值占全国比重 v20	OECD（2008）
	资源存量	当年教育经费投入占总财政支出比重 v21	巴萨尼尼和斯卡佩塔（2001）
		GDP（亿元）v22	OECD（2008）
		科技机构数（户）v23	OECD（2003）

三　数据描述性统计和测量变量的因子分析

本书采用截面数据，选取 2008 年中国 31 个省市区的截面数据作为样本，样本容量为 31，数据来源为历年《中国统计年鉴》、《中国科技统计年鉴》及《中国统计 60 年》。

（1）将原始数据录入并进行无量纲化（标准化）处理。

在原始数据的无量纲化处理过程中，使用的是正规化方法，即把原始数据数值标准化到 0—1 的范围，具体公式为：

$$x'_{ij} = \frac{(x_{ij} - x_{minj})}{(x_{maxj} - x_{minj})}$$

其中，x_{ij} 为指标值，x_{minj} 为某项指标的最小值，x_{maxj} 为某项指标的最大值。

（2）检验变量之间是否存在相关关系。在 SPSS18.0 中，通过巴特勒（Bartlett）球形检验来判断，如果相关矩阵为单位矩阵，则各变量之间相互独立，因子分析无效。另外，通过 KMO 检验，考察变量间的偏相关性。KMO 值取值在 0—1 之间，越接近于 1，变量间的偏相关性越强，因子分析效果越好。在实际分析中，KMO 值在 0.7 以上，因子分析效果较好；KMO 值小于 0.5 时，便不适合使用因子分析。

（3）求得相关系数矩阵、特征值、累计贡献率等相关指标。

（4）对提取的核心因子进行分析和命名，使其具备实际经济含义并具备可解释性。

本书采用 SPSS18.0 统计软件，对选取的 27 个原始指标进行统计分析，依据相关系数矩阵和反映像相关矩阵来测度是否适合做因子分析。依据运行结果，删除了变量度小于 0.5 的指标，包括 v1、v3、v6、v19、v20、v21，再对剩余的 21 个指标进行因子分析，所有的指标对因子的共同度均达到 0.8 以上，KMO 检验值为 0.672（大于 0.6），巴特勒球形检验的近似卡方 χ^2 为 113.96，其显著性概率是 0.000，小于 1%。做因子分析时提取公因子的方法是主成分方法（Principal Component Analysis），因子旋转方法采用方差最大旋转法（Vari - max），通过对评估指标值的统计分析，从原始数据中提取 3 个公共因子，它们分别解释 52.465%、21.744%、12.941% 的总变差，累计解释 87.149% 的总变差。3 个因子分别被命名为创新投入、创新产出和创新环境。再对 3 个因子包含的指标进行降维处理，发现创新投入包含的指标只能抽出 1 个因子，创新产出指标可抽出 2 个因子，分别被命名为创新的中间产出和创新的最终产出，创新环境指标可抽出 2 个因子，将其命名为资源存量和制度因素。抽出的 5 个因子的内部一致性检验值克朗巴哈系数（Cronbach's）α 都超过 0.9，这充分说明抽出的因子的信度和效度得到了很好的保证，具体结果如表 5 - 2 所示。

表 5 - 2　　　　　　　　　　观测变量因子分析结果

因子			测量变量	均值	标准差	标准化公因子方差	信度检验	
创新投入			科技活动人员总量 v1	160241.29	144589.29	0.812	KMO：0.658，巴特勒球形检验卡方：190.835，Sig.0.0000 解释总方差：75.864 信都指标克朗巴哈系数 α：0.920	KMO：0.672，巴特勒球形检验卡方：113.96，Sig.0.0000；共抽出3 个因子，解释总方差：87.149% 克朗巴哈系数 α：0.961
			科技活动人员投入强度 v2	74.58	72.20	0.879		
			R&D 投入强度 v4	228.22	144.04	0.900		
			人均 R&D 经费支出 v5	15.39519	3.84688	0.857		
			R&D 经费总量 v8	2745343.54	2910144.43	0.903		
创新产出	最终产出		新产品产值 v9	4339428.07	7689185.23	0.874	KMO：0.619，巴特勒球形检验卡方：394.338，Sig.0.0000 解释总方差：91.556 克朗巴哈系数 α：0.928	
			新产品销售收入 v10	4441197.98	7614877.68	0.868		
			专利申请数 v12	22327.97	32282.16	0.939		
			专利授权数 v13	10742.74	15723.85	0.959		
			人均专利授权数 v14	0.04865	0.027925	0.914		
	中间产出		技术市场成交额 v11	840987.11	1935657.95	0.973		
			科技论文检索总量 v15	7747.48	9651.04	0.923		
创新环境	制度因素		FDI 在 GDP 中的占比 v16	0.003589	0.002557	0.837	KMO：0.795，巴特勒球形检验卡方：350.926，Sig.0.0000 解释总方差：84.32 克朗巴哈系数 α：0.933	
			政府在创新中的基础性支撑作用 v18	30304.10	38695.65	0.685		
	资源存量		科技活动经费筹集额中金融机构贷款 v17	14080.7	19427.18	0.870		
			GDP v22	11783.99	9730.40	0.952		
			科技机构数 v23	84.47	120.40	0.902		
			固定电话用户数 v24	1097.93	825.81	0.953		
			上网人数 v25	1239.00	979.92	0.981		
			移动电话用户 v26	2068.54	1625.97	0.976		
			电信业务总量 v27	717.31	630.75	0.962		

四 区域创新能力评价及空间差异

采用因子分析法计算中国 31 个省市区各个创新能力要素的评价值如表 5 - 3 所示。运用 SPSS18.0 软件对区域创新产出指标 IC3 进行 K 均值聚类，如表 5 - 3 所示。由表 5 - 3 可以看出，区域整体创新能力较强的 1 类地区是北京、上海、江苏、广东等经济较为发达的地区，2 类地区是天津、辽宁、浙江、福建、河南、湖北、四川和陕西；3 类地区是河北、山西、内蒙古、吉林、黑龙江、安徽、江西、湖南、广西、海南、重庆、云南、西藏、青海、甘肃、宁夏和新疆。

表 5 - 3 区域创新能力因子得分及聚类

地区	创新投入	创新环境	创新产出	K 均值聚类结果
北京	- 0. 48284	3. 97282	1. 357541	1
天津	- 0. 66003	1. 36565	0. 227653	2
河北	0. 26968	- 0. 68099	- 0. 14228	3
山西	- 0. 42584	- 0. 19455	- 0. 28392	3
内蒙古	- 0. 54057	- 0. 25917	- 0. 3653	3
辽宁	0. 17632	0. 31839	0. 21281	2
吉林	- 0. 46125	- 0. 18129	- 0. 29574	3
黑龙江	- 0. 31697	- 0. 23429	- 0. 24717	3
上海	0. 01352	2. 76376	1. 113426	1
江苏	2. 46757	0. 29733	1. 312768	1
浙江	1. 43004	0. 11986	0. 739786	2
安徽	- 0. 09058	- 0. 3322	- 0. 17686	3
福建	0. 07801	- 0. 17305	- 0. 03157	2
江西	- 0. 37344	- 0. 38077	- 0. 33315	3
山东	1. 59158	- 0. 35148	0. 629159	2
河南	0. 51331	- 0. 77012	- 0. 06012	2
湖北	0. 14261	- 0. 17782	- 0. 00223	2
湖南	0. 06618	- 0. 44601	- 0. 14661	3
广东	3. 44232	- 0. 11094	1. 620791	1
广西	- 0. 31129	- 0. 69146	- 0. 42752	3

地区	创新投入	创新环境	创新产出	K 均值聚类结果
海南	-0.90388	-0.41047	-0.60165	3
重庆	-0.44489	-0.10131	-0.25579	3
四川	0.36568	-0.30545	0.054565	2
贵州	-0.59314	-0.51421	-0.49287	3
云南	-0.46311	-0.55888	-0.44786	3
西藏	-0.86187	-0.8389	-0.75291	3
陕西	-0.30965	0.27641	-0.03909	2
甘肃	-0.66256	-0.40856	-0.48414	3
青海	-0.97592	-0.33077	-0.60457	3
宁夏	-0.96283	-0.27724	-0.5768	3
新疆	-0.71618	-0.3843	-0.50036	3

第三节　区域创新系统内部结构关系

一　分析思路和研究方法

创新离不开良好的创新环境。创新环境既包括政府提供的服务，也包括民间自发形成的社会环境；不仅包括基础设施、法律环境、政策环境、融资环境、市场环境，而且包括同样重要的"创新氛围"。一个良好的区域创新系统中，往往有创造性的氛围，即有助于创新的氛围（Capello，1994）。许多学者都把能否产生良好的创新氛围作为区域创新系统的重要前提条件。他们认为创新是根植于创造性的氛围、制度或文化之中的。萨克森宁在比较硅谷和 128 号公路，研究硅谷的成功与 128 号公路的衰落时认为，一个重要的原因是两个地区具有不同的文化：硅谷有竞争与团结的氛围，而 128 号公路重视独立与等级。显然，前一种氛围（文化）更有助于创新的产生。良好的创新环境可以降低企业或其他主体的创新成本，吸引各种创新资源。创新环境是区域创新的支撑。因此假定：

假设1：创新环境的优劣影响到创新投入的高低。

假设2：创新环境的好坏亦会影响到创新产出的大小。

显然，一个国家在创新投入较多的情况下，将会取得较好的创新成果，因此我们还假定：

假设3：创新投入直接影响创新产出的高低。

三者之间的关系如图5-2所示。

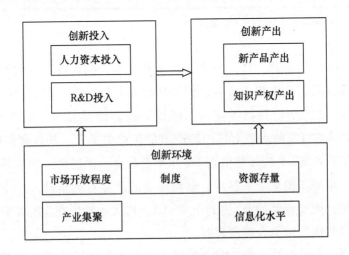

图5-2　创新系统关系

二　创新系统内部结构的因果关系检验

由以上因子分析，运用线性回归，可得到5个因子的得分数据，下面将利用5个因子的数据进行回归分析，实证创新环境、创新投入与创新产出的因果关系。

文章采用以下模型来检验假设1至假设3。

模型1：创新产出 $=f$（创新环境，创新投入）$=C+\lambda_1$ 创新环境 $+\lambda_2$ 创新投入 $+\varepsilon$

模型2：创新投入 $=f$（创新环境）$=C+\lambda_3$ 创新环境 $+\varepsilon$

式中：C 为估计方程的截距，ε 为统计误差，系数 λ_i 分别是因子间的作用效用系数。

运用 SPSS18.0 软件，运行结果如表 5 - 4 所示。

表 5 - 4 截面数据下创新系统影响因子间的因果关系检验分析结果

因果关系		系数	T 检验值	R^2	F 值	
模型 1	假设 2：创新环境—创新产出	λ_1	0.428	2.7 ***	0.898	43.766 ***
	假设 3：创新投入—创新产出	λ_2	0.520	3.283 ***		
模型 2	假设 1：创新环境—创新投入	λ_3	0.795	6.154 ***	0.795	37.872 ***

注：*** 表示在 5% 的水平上显著。

从实证结果看，31 个样本省份创新环境、创新投入与创新产出之间存在显著的正相关关系，创新环境亦对创新投入产生正向的积极作用，3 个假设得到了支持。模型 1 检验结果显示，创新环境、创新投入在 1% 的水平上与创新产出呈正相关关系，并且调整的 R^2 达到了 0.898，F 统计量值在 1% 水平上显著，说明模型的解释力度较好。模型 2 检验结果显示，创新环境的优劣对创新投入产生了正向作用，模型调整的 R^2 达到了 0.795，F 统计量值在 1% 水平上显著，说明模型的拟合程度较好。

从以上分析结果看，本书提出的三个关于创新系统内部结构关系的假设都得到了支持。说明了创新产出的增加应依靠创新环境的改善和创新投入的增加。

第六章 信息化与区域创新能力关系的定量研究

第一节 信息化对区域创新产出的作用

一 理论模型

国家创新能力研究作为国家创新体系研究的延续和深入，是国家创新体系绩效跨国比较的一种形式化方法，也是内生增长理论、国际竞争力理论和技术创新理论在创新研究中的应用。伴随信息技术的创新和信息网络的广泛普及，信息化已经成为全球经济社会发展的显著特征，并逐步向全方位的社会变革演进。在技术创新、知识进步日益成为推动经济社会发展主要动力的同时，信息化和创新也成为国家竞争力的两大资源。探索影响国家竞争能力的两大要素之间的因果关系已经具有重要的实践意义。

信息化是当今经济社会发展的大趋势，信息化水平的高低已经成为衡量一个国家和地区竞争力的重要因素。我国学术界讨论信息化问题始于1986年。其中最为人们所关注的是信息化与经济增长的关系及其对经济增长的贡献，国内外的文献中大量充斥着类似的研究。常永华（2003），徐升华、毛小兵（2004），汪斌、余冬筠（2004）等或从宏观或从微观的角度探讨了信息化与经济增长的关系。他们一致认为，信息化水平的提高，对经济增长的贡献都是显著的。另有一些学者在积极关注信息化水平的测评研究，修文群（2002）、王君和杜伟（2003）、方德英（2003）等人探讨了我国各产业信息化水平的测度方法和指标体系，并运用这些指标体系，对各产业的信息化水平进行了测量，并比较了不同产业及省份的信息化水平差异。

在经济全球化和信息化相互交织发挥作用的时代，一个国家信息化水平的高低，不仅反映了一个国家的综合竞争实力、经济发展水平，而且也反映了一个国家的创新能力。特别是，尽管学术界已经认可了信息化是国家创新能力的有力支撑，很多学者在设计国家创新能力综合测量指标时，已经将信息化水平纳入了创新环境要素之中予以考虑，但是却鲜见有文献就信息化水平对国家创新能力的影响进行实证研究，因而也就使得很多的国家创新能力测度方案设计缺乏应有的理论支撑。但遗憾的是，少有学者关注信息化与国家创新能力之间的关系研究。因此，本书将运用面板数据的因子分析和线性回归法，实证检验信息化与国家创新能力之间的数量关系。

创新能力的高低离不开良好的信息化环境。信息化环境既包括政府提供的服务也包括企业自身创造的基础设施。良好的信息化环境可以降低企业或其他主体的创新成本，提升企业、产业和国家的创新能力。因此我们认为，信息化是区域创新能力的重要支撑力量。基于以上分析，我们构建信息化对国家创新产出作用模型 1 如下：

模型 1：$y = a + \lambda x + \varepsilon$

式中，y 为国家创新产出，x 为信息化水平。

衡量区域创新能力的指标很多，人们大多关注创新的产出指标，即拥有较多的知识产权产出和新产品产出成为人们公认的创新能力强的重要方面。因此，本书还构建了信息化水平对两种不同创新产出的作用模型 2 如下：

模型 2：$y_i = a + \lambda_i x + \varepsilon$

式中，y_i 为知识产权产出和新产品产出，$i = 1$，2；x 为信息化水平。

信息化系统作为一个多维复杂的巨系统，水平测度可从发展水平、发展质量、发展能力等方面来概括，信息化评估涉及许多指标。本书从数据可获性角度，选择了固定电话用户数量、网络接入端口总数、移动电话用户数和电信业务总量四个关键性指标作为信息化水平的代表。因此，我们还构建4个信息化测量指标对国家创新产出的作用关系的线性回归模型3如下：

模型3：$y = a + \lambda_i x_i + \varepsilon$

式中，y为国家创新产出，x_i为信息化测量指标，λ_i为每个信息化指标对国家创新产出的作用系数，$i = 1$，2，3，4；ε为测量误差。

二　研究变量的选择

基于技术创新理论、创新系统理论和信息化水平测量理论，在正确理解创新能力和信息化概念、内涵和特征基础上，根据数据的可得性，选择了一套全面、客观的变量指标。

本书从两个方面衡量创新的产出：知识产权产出和新产品产出。在考察知识产权产出时，选择专利申请数、专利授权数作为测量指标。考察新产品产出时，我们选择了新产品产值、新产品销售收入和新产品开发支出作为测量指标。信息化水平从固定电话用户数量、网络接入端口总数、移动电话用户数和电信业务总量四个方面测量。变量定义和文献来源如表6-1所示。

表6-1　　　　　　变量的含义、测度方法及文献来源

	测量变量	文献来源
创新产出	新产品产值（万元）	雷蒙德和皮埃尔（2010）
	新产品销售收入（万元）	赫森（2001）
	新产品开发支出	赫森（2001）
	专利申请数（件）	陈红川（2010）
	专利授权数（件）	张继宏和罗玉中（2009）
信息化水平	固定电话用户数（万户）	法格伯格和斯罗勒克（2008）
	互联网接入端口数（万人）	法格伯格和斯罗勒克（2008）
	移动电话用户（万户）	法格伯格和斯罗勒克（2008）
	电信业务总量（亿元）	法格伯格和斯罗勒克（2008）

三 数据来源及面板数据的因子分析

(一) 数据来源

面板数据是指在时间序列上取多个截面，在这些截面上同时选取若干个样本观测值所构成的样本数据。也就是说，面板数据能够同时从时间和截面构成的二维空间反映变量变化特征和规律。在建模过程中，面板数据与纯时间序列或截面数据相比有许多优点，主要表现在能控制个体的异质性，即能够给出更多信息，减少回归变量之间的多重共线性；增加自由度从而提高参数估计的有效性；以及能够构造更复杂的行为模型等。面板数据的独特优点，使之在理论及应用领域都得到了长足的发展。

基于面板数据的优点，本书选取了 2001—2009 年中国 31 个省份的数据作为样本，样本容量为 $31 \times 10 = 310$，数据来源为历年《中国统计年鉴》和《中国统计 60 年》。

(二) 面板数据的因子分析

邦泽和赫莫西拉（Bonze and Hermosilla 开创性地将多元统计方法引入面板数据的分析中来，并用概率连接函数和遗传算法改进了聚类分析的算法，此后，国外对相关问题的研究一直停滞不前；国内学者朱建平、郑兵云分别对单指标面板数据及多指标面板数据的聚类分析进行了一定的研究，并做了实证分析。面板数据的因子分析相对于多元统计中的总体及样本的因子分析要复杂得多，目前没有现成的软件可供使用，本书试图寻求一种途径将多指标面板数据的结构转换为现有软件能够处理的数据类型。这是一种"降维"的思想，即当我们多研究问题的要求不是非常严格时，我们可以通过取均值的方法将多指标面板数据的三维表格降为二维表格。

具体做法如下，对每一个指标在时间维度上取均值，抽象为某一个特定时刻的情形，从而消去时间维度影响，退化成截面数据。显然，这种"降维"的处理方法主要存在两个缺陷。第一，信息损失，均值只能描述平均动态，不能反映其他统计特征，如方差等；第二，这样的方法存在一种潜在的假设，即假设各个个体在每一相同指标时间维度上的变化方向相同，否则会出现错误。

本书采用 SPSS18.0 统计软件，对选取的 9 个原始指标进行统计分析，依据相关系数矩阵和反映像相关矩阵测度是否适合做因子分析。做因子分析时提取公因子的方法是主成分方法，因子旋转方法采用方差最大旋转法。抽出的 2 个因子（创新产出因子和信息化因子）指标值如表 6-2 所示。

表 6-2　　　　　　　　　　观测变量因子分析结果

因子	测量变量	标准化公因子方差和 KMO 与巴特勒检验				
创新产出	新产品产出	新产品产值	0.980	KMO = 0.697 近似卡方 = 341.369 p = 0.0000 解释的总方差（%）= 95.685 克朗巴哈系数 = 0.977	0.954	KMO = 0.648 近似卡方 = 403.39 p = 0.0000 解释的总方差（%）= 91.472 克朗巴哈系数 = 0.977
		新产品销售收入	0.978		0.953	
		新产品开发支出	0.912		0.970	
	知识产权产出	专利申请数	0.996	KMO = 0.685 近似卡方 = 93.383 p = 0.0000 解释的总方差（%）= 96.995 克朗巴哈系数 = 0.992	0.956	
		专利授权数	0.996		0.949	
信息化	固定电话用户数		0.962			KMO = 0.734 近似卡方 = 259.369 p = 0.0000 解释的总方差（%）= 96.442 克朗巴哈系数 = 0.987
	上网人数		0.995			
	移动电话用户		0.989			
	电信业务总量		0.962			

由表 6-2 数据可以看出，抽出的因子的信度和效度得到了很好的保证，可供下一步的回归分析用。

四 信息化对创新产出的作用检验

运用 SPSS18.0 软件，运行结果如表 6 - 3 和表 6 - 4 所示。

表 6 - 3   模型 1 和模型 2 的检验分析结果

因果关系		系数	T 检验值	R^2	F 值
信息化—创新产出	λ_1	0.910	11.648 ***	0.829	135.671
信息化—知识产权产出	λ_2	0.960	18.126 ***	0.921	328.534
信息化—新产品产出	λ_3	0.831	7.896 ***	0.690	62.349

注：*** 表示在 1% 的水平上显著。

表 6 - 4   模型 3 的检验结果

模型 1	非标准化系数		标准系数	t 值	显著性（双尾）
	λ_i	标准误差			
常数	- 0.030	0.075		- 0.393	0.697
固定电话用户数	- 0.866	0.319	- 0.856	- 2.717	0.012
互联网网民数	2.413	0.627	2.398	3.849	0.001
移动电话用户数	- 0.388	0.424	- 0.386	- 0.916	0.368
电信业务总额	- 0.329	0.523	- 0.329	- 0.630	0.534
$R^2 = 0.854$, F = 36.420					

从表 6 - 3 数据看，信息化对创新产出产生显著的正向作用。检验结果显示，作用关系系数 λ 为 0.910，T 检验值为 11.648；信息化对知识产权产出的作用系数为 0.960，T 检验值为 18.126；信息化对新产品产出的作用系数为 0.831，T 检验值为 7.896。说明，信息化对创新总产出、知识产权产出及新产品产出均产生了积极的作用。方程的 R^2 达到了 0.690 以上，F 统计量值都在 1% 水平上显著，说明模型的解释力度较好，拟合程度很好。

尽管表 6 - 3 告诉我们信息化总水平对创新总产出产生了积极作用，但是表 6 - 4 的数据却显示，测量信息化水平的 4 个指标中只有互联网接口数量对创新产出有积极的促进作用，其余 3 个指标虽然作用效果不显著，但从方向上看，居然是负向的。模型 3 的 R^2 = 0.854，F = 36.420，显示了较好的拟合程度。

第二节　基于面板数据模型的信息化对创新能力的作用

一　研究的必要性

经济全球化过程中，国家创新能力已成为一个国家经济是否拥有国际竞争优势的决定性因素，也成为衡量国家经济竞争力的重要标志。党中央、国务院于 2006 年做出了建设创新型国家的决策，这是事关社会主义现代化建设全局的重大战略决策。国家创新能力研究是创新性国家建设的一个重要方面，各级政府要为建设国家创新体系，为科技自主创新创造条件、优化环境，围绕提高科技自主创新能力的战略，把各种资源有效整合起来，以加强体系内各个创新主体的互动。其中，为区域创新能力的提高营造良好的信息化环境应是各级政府的应尽义务。

在理论研究领域，经济学家对信息化和区域创新能力分别进行了独立研究。一部分学者就国家创新体系、国家创新的动力元素、国家创新能力的测度进行了深入研究（Castellacci and Natera，2011；Gao and Guan，2009），他们认为，区域创新能力应从技术创新能力、社会资本、政治和制度因素、基础设施建设、教育投入和人力资本素质等方面予以反映；另一部分学者则就信息化水平对国民经济的促进作用、信息化水平与劳动生产率的关联、信息化水平的测度等内容进行了探讨（刘慧等，2006；黄章树、任继奎，2009；邵宇开、王浣尘、曾赛星，2006）。虽然在区域创新能力测量指标体系中，有部分学者引入了信息化水平指标（Mei - Chih Hua，John A. Mathews，2008），亦有学者认为，信息化水平应成为国家创新能力的重要来源（汪玉凯，2007），同时，汪涛和吴贵生（2000）撰文探讨了信息化对国家技术创新体系建设的重要影响，但是，尚未有人从实证角度就信息化与区域创新能力之间的关系给出证据。这直接导致信息化水平作为区域创新能力的测量指标失去理论支撑。

鉴于以上研究的不足，本书利用我国 30 个省市 2001—2009 年间的数据，运用生产函数和面板数据模型就信息化对创新能力的作用进行实证研究，研究结论将作为信息化建设中区域创新能力要方面的理论依据。

二 变量选择和数据来源

(一) 区域创新能力

区域创新能力的评价比较复杂，按照麻省理工学院《技术评论》的定义，国家创新能力是一个国家为推进世界技术前沿而提供有利环境的程度，它测度的是一个国家产生具有商业意义的创新成果的潜力。沿袭 Griliches（1990）等学者的研究，我们将研发行为视为生产过程，每个省份视为研发活动的生产单元，各自使用一定的研发投入资源，得到研发产出。对于研发产出变量，一般采用新产品销售收入、专利数等指标来表征。考虑到我国新产品的统计口径和定义并不清晰，我们没有采用此指标。书中选取了专利申请数作为创新指标，其合理性在于：第一，随着专利法的实施，我国的专利保护制度逐渐趋于完善，越来越多的研发人员使用专利对其研究成果进行保护，因此专利数据具有较强的代表性，同时，相比专利授权数，专利申请数受专利机构工作效率、偏好等因素的影响都较小。第二，经验研究中，对变量统计口径的一致性要求较高，而专利数据较为全面、统计口径也较为一致（岳书敬，2008）。

鉴于此，本书以每 100 万人获得的审批专利数量衡量区域创新能力。解释区域创新能力的变量方面，创新环境、人力资本、研发经费的投入等其他因素也很重要。如果先剔除这些变量，将高估信息化对区域创新能力的影响。限于数据的可获得性，我们选择 R&D 人员数（TECHPER）、科技机构人均经费（RDFEE）、GDP 占全国的比重（GDPZB）、教育经费占预算支出的比重（EDUZB）作为控制变量。

（二）信息化

社会信息化的水平可以反映一个国家或地区的信息量、信息装备率、通信主体水平、信息消费环境等情况，并能揭示社会发展的一些基本规律，也可综合衡量一个国家或地区信息经济发达程度。"信息化水平"的定量测定一般主要采用两种方法，一种是美国学者波拉特博士提出的信息经济方法；另一种是日本学者建立的信息化指数模型方法。信息化发展指数（IDI）是全面衡量和评价中国各地区信息化发展水平及中国在国际比较中地位的综合统计评价指数，该指数"从基础设施、使用、知识、环境与效果、信息消费五个方面诠释国家信息化的总体水平，对国家信息化发展状况做出综合性评价"；同时，"力求从定性和定量两个角度设定目标，使指数更具代表性"。信息化发展指数（IDI）可作为衡量国家或地区信息化发展的综合评价尺度。信息化发展指数（Informanizanion Development Index，IDI）从信息化基础设施建设、信息化应用水平和制约环境，以及居民信息消费等方面综合性地测量和反映一个国家或地区信息化发展总体水平。因此，本书选择国家和地区信息化发展指数作为国家和地区信息化水平代表的核心自变量。因变量、核心自变量和控制变量的说明如表 6 - 5 所示。

（三）数据来源

建模采用的数据，主要取自历年《中国统计年鉴》、《新中国六十年统计资料汇编》、《中国科技统计年鉴》以及各省份的统计年鉴，包括 31 个省市区 2001—2009 年的面板数据，由于西藏自治区的数据存在严重缺失，所以，估计中暂且放弃。为消除物价水平的影响，以 2000 年为基期，用各省市区 CPI 指数对相关变量进行平减。为了使趋势线性化，分别对相关变量取对数，记为 lnNIC、lnIDI、lnTECHPER、lnRDFEE、lnGDPZB、lnEDUZB。

（四）研究方法

本书主要运用计量经济预测分析软件 Eviews 6.0 进行相关的数据统计分析。具体方法是：首先使用面板数据的单位根检验来检验面板数据的平稳性，以防造成"伪回归"的问题；其次对面板数据进行协整关系检验，以检验信息化与创新能力之间是否存在长期的均衡关系；最后使用完全修正的最小二乘法（FMOLS）估计面板数据协整模型，揭示信息化对创新能力的作用。

表 6 - 5　　　　　　　　　　　　变量说明

因变量	变量名	变量说明（单位）	依据	预期符号
区域创新能力	NIC	专利授权数（件）	张继宏、罗玉中（2009）	
核心自变量				
信息化发展指数	IDI	信息化发展指数	国家统计局	+
控制变量				
科技机构人均经费	RDFEE	RD 经费总额/科技活动从业人员数（万元/人）	陈红川（2010）	+
GDP 占全国的比重	GDPZB	该省市区 GDP 总量/全国 GDP	OECD（2008）	+
每万人科技活动人员	TECHPER	每万人从事科技活动的人员数量（户）	OECD（2003）	+
教育经费占预算支出比重	EDUZB	教育经费/预算支出	巴萨尼尼和斯卡佩塔（2001）	+

三　面板协整模型的估计与检验

（一）面板数据模型

利用面板数据建立模型的好处是：（1）由于观测值的增多，可以增加估计量的抽样精确度。（2）对于固定效应模型能得到参数的一致估计量，甚至有效估计量。（3）面板数据建模比单截面数据建模可以获得更多的动态信息。为了描述信息化对创新能力的影响，我们给出面板数据模型如式（6 - 1）所示：

$$\ln NIC_{it} = \alpha_i + \beta_1 \ln IDI_{it} + \beta_2 RDFEE_{it} + \beta_3 GDPBL_{it} + \beta_4 TECHPER_{it} +$$
$$\alpha_5 EDUZB_{it} + \varepsilon_{it} \quad i = 1, 2, \cdots, 30; \ t = 1, 2, \cdots, 9 \qquad (6 - 1)$$

（二）面板数据的单位根检验

为避免非平稳时间序列的不平稳造成的"伪回归"问题，首先应检验数据平稳性，这就要求我们首先进行面板单位根检验。

为保证检验结果的稳健性，本书给出如下常用的 4 种检验形式，分别对 $\ln EDUZB$、$\ln IDI$、$\ln TECHPER$、$\ln GDPBL$、$\ln NIC$、$\ln RDFEE$ 变量进行检验，结果如表 6 – 6 所示。这里之所以将变量以对数的形式出现，主要原因在于变量对数的差分近似地等于该变量的变化率，而经济变量的变化率常常是稳定的序列，因此适合于包含在经典回归方程中。另外，也是为了反映信息化与创新能力的长期弹性关系。

表 6 – 6　　　　　　面板单位根检验（一阶差分结果）

	lnEDUZB	lnIDI	lnTECHPER	lnGDPBL	lnNIC	lnRDFEE
LLC	13. 0503	– 16. 6488	– 5. 15521	– 4. 55178	– 9. 58296	– 10. 3737
	(0. 000)	(0. 000)	(0. 000)	(0. 000)	(0. 000)	(0. 000)
IPS	– 4. 47926	– 5. 52541	0. 02868	– 1. 53836	– 3. 02905	– 10. 2276
	(0. 000)	(0. 000)	(0. 5114)	(0. 0620)	(0. 0012)	(0. 000)
ADF – Fisher	119. 788	105. 080	80. 5624	69. 7330	103. 978	188. 215
	(0. 000)	(0. 000)	(0. 0110)	(0. 0735)	(0. 0001)	(0. 000)
PP – Fisher	149. 749	60. 1113	108. 139	68. 8944	144. 226	250. 070
	(0. 000)	(0. 2641)	(0. 000)	(0. 0835)	(0. 0000)	(0. 000)
结论	I(1)	I(1)	I(1)	I(1)	I(1)	I(1)

注：LLC 检验 H0：数据为 I（1），H1：数据为 I（0）。括号内数据是对相应检验统计量的收尾概率，检验形式为只带截距项，滞后阶数的选取根据 SCI 信息准则确定。

表 6 – 6 各项检验数据说明这 6 个变量的水平量不平稳，从对相应变量的一阶差分项的面板单位根检验结果看，4 种统计量均显示能够拒绝变量 7 变量的一阶差分项存在单位根的原假设。这说明变量 $\ln EDUZB$、$\ln IDI$、$\ln TECHPER$、$\ln GDPZB$、$\ln NIC$、$\ln RDFEE$ 均为一阶单整的 I（1）序列。

（三）面板数据的协整关系检验

由检验结果说明被解释变量、解释变量和控制变量都满足一阶单整条件，满足方程协整的必要条件。继续进行面板数据的协整检验。下面采用佩德罗尼（Pedroni，2000，2004）和高（Kao，2000）提出的面板协整检验方法对我们的数据进行检验。

佩德罗尼（1999）提出了7个统计量用以对残差进行平稳性检验，其中有4个组内统计量和3个组间统计量，如表6-7中所示。根据佩德罗尼（1999）的证明，在小样本中，panel adf-stat、group adf-stat 检验效果最好，panel v-stat、group rho-stat 检验效果最差。当检验结果不一致时，以这两个统计量为标准。高（2000）也提出对面板数据进行检验的统计量，我们这里采用 ADF 值。由于我们关心的是信息化与创新能力之间的关系，因此只对这两个变量进行协整检验，即 LNIDI、LNNIC。基于稳健型考虑，同时采用上述两种面板协整检验方法进行检验。

表6-7 面板协整检验结果

统计量		协整关系
Pedroni 检验	Panel v	2.3658（0.0062）
	Panel rho	-6.3252（0.0000）
	Panel PP	-8.2352（0.0000）
	Panel ADF	-10.3260（0.0000）
	Group rho	2.3620（0.0076）
	Group PP	-2.3028（0.0083）
	Group ADF	-9.3652（0.0000）
KAO 检验	ADF	-9.3600（0.0000）

注：括号中的数值为 P 值。

从表6-7估计结果看，Pedroni 的各统计量基本上在1%的显著水平可以拒绝不存在协整关系的原假设，KAO 检验 ADF 值结果也在1%的显著水平支持长期协整关系的存在。这表明变量 lnIDI、ln-

NIC 之间存在着长期协整关系。

（四）面板数据模型的选择

在时间序列参数值不随时间的不同而变化的情况下，单方程面板数据模型一般形式为：

$$Y_{it} = \alpha_i + \beta_i X_{it} + \varepsilon_{it} \qquad (6-2)$$

$i = 1$，2，$\cdots$，N 表示截面个数；$t = 1$，2，$\cdots$，T 表示时期总数。其中，X_{it}为 $k \times 1$ 向量，β_i 为 $1 \times k$ 向量，K 表示解释变量的个数。随机扰动项 ε_{it}相互独立，且满足零均值等方差。

对于方程（6-2）常见的有三种假设：

假设1：在不同的横截面样本点和时间上，回归系数和截距都不相同，即 $\alpha_i \neq \alpha_j$，$\beta_i \neq \beta_j$，模型为：

$$Y_{it} = \alpha_i + \beta_i X_{it} + \varepsilon_{it} \qquad (6-3)$$

假设2：在不同的横截面样本点和时间上，回归系数相同，但截距不同，即 $\alpha_i \neq \alpha_j$，$\beta_i = \beta_j$，模型为：

$$Y_{it} = \alpha_i + \beta X_{it} + \varepsilon_{it} \qquad (6-4)$$

假设3：在不同的横截面样本点和时间上，回归系数和截距都相同，即 $\alpha_i = \alpha_j$，$\beta_i = \beta_j$，模型为：

$$Y_{it} = \alpha + \beta X_{it} + \varepsilon_{it} \qquad (6-5)$$

对于假设1，称为变系数模型，在横截面上不仅个体影响不同，还存在变化的经济结构，因而结构参数在不同横截面单位上是不同的。

对于假设2，称为变截距模型，在横截面上个体影响不同，个体影响表现为模型中被忽略的反映个体差异的变量的影响，又可以分为固定效应和随机效应。

对于假设3，在横截面既无个体影响，也无结构变化。相当于将多个时期的截面数据放在一起作为样本数据。

面板数据包括时间和截面两维，因此，如果模型设定不正确，将造成偏差。所以，研究面板数据的第一步是检验方程（6-2）中的参数 α_i 和 β_i 在不同横截面上是否相同。可以利用协方差分析构造检验统计量：

$$F_1 = \frac{(S_2 - S_1)/[(N-1)K]}{S_1/[NT - N(K+1)]} \qquad (6-6)$$

$$F_2 = \frac{(S_3 - S_1)/[(N-1)(K+1)]}{S_1/[NT - N(K+1)]} \qquad (6-7)$$

其中，S_1、S_2、S_3 分别是式（6-3）、式（6-4）、式（6-5）的残差平方和。

在假设 3 和假设 2 情况下，统计量 F_2 和 F_1 分别服从自由度为 $\{(N-1)(K+1),\ [NT-N(K+1)]\}$ 以及 $\{(N-1)K,\ [NT-N(K+1)]\}$ 的 F 分布。首先检验假设 3，若接受了假设 3，就选用模型（6-5），若拒绝了假设 3，则再检验假设 2，若接受了假设 2，则采用模型（6-4），否则采用模型（6-3）。

根据以上面板模型设定检验方法，计算得到 F_2 和 F_1 值，查 F 分布表，决定使用模型种类。计算及判定结果见表 6-8。

表 6-8　　　　　　　　　　模型选取的 F 值检验

	F_1	F_2
F 值	4.76591	6.14717
临界值（0.005）	$F(174, 90) = 1.69$	$F(145, 90) = 1.69$
结论	变系数模型	变系数模型

在确定变系数模型之后，接下来是判定选择固定效应还是随机效应，依据伍德里奇（Wooldridge）经验规则，由于截面和时期有限，不能把观测个体当作从一个大总体中随机抽样的结果时，应把截距项看作待估参数，做豪斯曼检验，得出应采用固定效应模型，如表 6-9 所示。

表 6-9　　　　　　　　　　豪斯曼检验结果

检验	χ^2 统计量	t < d. f.	概率
截面随机值	70.83787	6	0.0000

四　模型估计结果

采用变系数固定效应模型，回归结果如表6-10所示。

表6-10　　　　　面板数据变系数固定效应估计结果

变量	相关系数	标准差	t 统计量	概率
C	10. 64431	0. 561468	18. 95800	0. 0000
lnICI	3. 925402	0. 224881	17. 45546	0. 0000
lnTECHPER	0. 034131	0. 016178	2. 109725	0. 0359
lnTECHPER	-0. 007763	0. 129218	-0. 060075	0. 9521
lnRDFEE	0. 032398	0. 015608	2. 075675	0. 0390
lnEDUZB	-0. 004727	0. 217427	-0. 021740	0. 9827
其他主要的检验统计量				
R^2	0. 976795			
调整的 R^2	0. 973438			
F 统计量	290. 9489			
概率（F 统计量）	0. 000000			
W 统计量	2. 285875			

我们的面板数据模型表达式为：

$\ln NIC = 10.64431 + 3.9254\ln ICI_{it} + 0.3413\ln TECHPER_{it} - 0.00776\ln GDPZB_{it} + 0.03239\ln RDFEE_{it} - 0.00472\ln EDUZB_{it} + 0.03574D_1 - 0.2632D_2 + \cdots - 0.0945D_{30}$其中虚拟变量 D_1，D_2，$\cdots$，D_{30}的定义是：

$$D_i = \begin{cases} 1，如果属于第 i 个省份，i = 1，2，\cdots，30 \\ 0，其他 \end{cases}$$

表6-10的分析结果可以得出如下结论：

信息化对创新能力的作用显著。首先，方程中调整的 R^2 达到了0.973438，F 统计量为290.9489，D-W 统计量为2.285875，模型与数据的整体拟合效果都很好。其次，我们所关注的信息化发展指数变量，其变量系数比较显著；加进去的控制变量，ln$TECHPER$ 和 ln$RDFEE$ 都达到了 5% 的显著水平，符号也跟原先设想的情况吻合，但是 ln$GDPZB$ 和 ln$EDUZB$ 与创新能力的关系不显著。总之，在控制人员投入和资金投入类变量之后，信息化水平能积极促进创新能力的提高。

第三节　信息化对创新能力作用的区域差异

一　单位根检验

新经济增长理论认为，经济增长是技术进步和人类从事研究与开发的结果，在信息化日新月异发展的今天，经济增长越来越依赖于信息技术的应用和发展。一国经济的发展依赖于该国产业结构的升级和调整，当产业结构的升级主要通过信息化来实现时，信息化已经成为全球各国经济增长的重要推动力，在影响经济增长的多种因素中，信息化已经成为国内外研究学者关注的焦点，关注信息化对区域创新能力的贡献差异也成为研究领域热点。本书把我国分为东部、中部、西部三部分，具体来说，就是东部地区的 10 个省份，包括北京、天津、辽宁、上海、江苏、浙江、福建、山东、广东、海南；中部有 11 个省份，分别为吉林、黑龙江、河北、内蒙古、山西、广西、湖南、湖北、河南、安徽、江西；西部包括 9 个省份，分别为四川、云南、西藏、贵州、陕西、甘肃、青海、新疆维吾尔自治区、宁夏。其中将重庆市的数据归到四川省中一起考虑。根据资料的可得性，本书采用 2001—2010 年全国 30 个省直辖市自治区的数据构建面板数据集。

本书分别采用 LLC 检验和 IPS 检验两种方法进行面版数据的单位根检验。面板模型有固定效应和随机效应两种，但在多数经济分析中都假定面板模型为固定效应，所以本书只考虑固定效应面板模型。从表 6 - 11 检验结果可知，东部、中部、西部区域面板数据单位根检验得到了一致的结论，对于我国信息化发展与创新能力的 6 个变量在东部、中部、西部局部地区上都显著地拒绝了变量的非平稳性假设，即这 6 个变量均不存在显著的单位根，可视为平稳变量。因此我们可以进行变量之间的面板数据 GRANGER 因果关系检验和面板数据模型检验。

二 模型检验

采用变系数固定效应模型，对方程（6 - 1）分别按照东部、中部、西部三个不同区域进行回归结果如表 6 - 12、表 6 - 13 和表 6 - 14 所示。

表 6 - 11　　东部、中部、西部信息化发展与创新能力关系
panel - data 单位根检验

地区	检验方法	lnEDUZB	lnIDI	lnTECHPER	lnGDPBL	lnNIC	lnRDFEE
东部	LLC	4. 812 (0. 000)	- 3. 622 (0. 000)	- 6. 580 (0. 000)	- 9. 224 (0. 000)	- 6. 310 (0. 000)	- 6. 335 (0. 000)
	IPS	- 6. 532 (0. 003)	- 12. 589 (0. 000)	- 8. 259 (0. 0114)	- 11. 258 (0. 0620)	- 12. 306 (0. 0012)	- 10. 295 (0. 000)
中部	LLC	11. 547 (0. 000)	- 6. 248 (0. 000)	- 7. 258 (0. 006)	- 8. 253 (0. 011)	- 6. 210 (0. 000)	- 15. 201 (0. 005)
	IPS	8. 759 (0. 005)	- 3. 950 (0. 000)	5. 389 (0. 000)	5. 279 (0. 000)	4. 528 (0. 000)	6. 306 (0. 000)
西部	LLC	8. 579 (0. 011)	5. 482 (0. 000)	4. 256 (0. 000)	9. 265 (0. 000)	6. 332 (0. 000)	4. 529 (0. 000)
	IPS	5. 871 (0. 000)	8. 874 (0. 090)	2. 891 (0. 010)	6. 891 (0. 000)	10. 225 (0. 020)	2. 366 (0. 000)

表 6 - 12　　东部地区面板数据变系数固定效应估计结果

变量	相关系数	标准差	t 统计量	概率
C	6. 3901	0. 3025	10. 3991	0. 0000
lnICI	2. 2261	0. 2010	6. 3302	0. 0000

续表

变量	相关系数	标准差	t 统计量	概率
lnTECHPER	4.0214	0.3022	8.6230	0.0000
lnGDPZB	5.9023	0.1022	12.3660	0.0000
lnRDFEE	3.0052	0.5203	8.2874	0.0000
lnEDUZB	3.0064	0.1008	6.1749	0.0000
其他主要的检验统计量				
R^2	0.9905			
调整的 R^2	0.9062			
F 统计量	190.625			
概率（F 统计量）	0.000000			
D－W 统计量	1.9062			

我国东部地区检验结果表明，信息化对创新能力呈现出较强的显著作用。从我国东部地区三次产业结构来看，我国东部地区汇聚了我国大部分工业、制造业，经济增长为工业制造业购置新的信息技术和提升信息化水平提供经济基础和资金支持，产业结构升级产生对新的信息技术的需求，而伴随着传统工业信息化的升级，劳动生产率相应提高，促进了区域创新能力。

表6－13　　　西部地区面板数据变系数固定效应估计结果

变量	相关系数	标准差	t 统计量	概率
C	6.3501	0.4205	10.3470	0.0000
lnICI	－0.2036	0.0236	－1.0536	0.2625
lnTECHPER	0.02131	0.0256	0.109725	0.3590
lnGDPZB	－0.0063	0.0296	－0.0058	0.5062
lnRDFEE	0.0238	0.0028	0.9417	0.7398
lnEDUZB	－0.0027	0.2034	－0.5813	0.9201

续表

变量	相关系数	标准差	t统计量	概率
其他主要的检验统计量				
R^2	0.8321			
调整的R^2	0.8001			
F统计量	120.3694			
概率（F统计量）	0.000			
D－W统计量	2.3604			

　　我国西部地区的检验结果表明，信息化发展水平和创新能力没有表现出任何因果关系。西部地区经济增长和信息化发展水平呈现相互独立的态势，两者没有像东部地区那样呈现出积极的促进现象，这与西部地区的经济发展结构主要是粗放式增长方式密切相关。我国西部地区自然资源丰富，农牧业等第一产业在西部地区的三次产业结构中仍占据很大的比重，有些省份的比重高达80%，农牧业的信息化需求较低，信息化对工业、制造业、现代服务业等急需创新产业的促进作用不明显，这是我国西部地区信息化对区域创新能力促进作用不明显的重要原因。

表6－14　　中部地区面板数据变系数固定效应估计结果

变量	相关系数	标准差	t统计量	概率
C	12.0652	0.2860	19.0330	0.0000
lnICI	2.0341	0.2041	5.2013	0.0000
lnTECHPER	1.0374	0.0101	1.6694	0.0664
lnGDPZB	0.2036	0.1009	0.5581	0.4292
lnRDFEE	0.1048	0.0631	1.0321	0.2337
lnEDUZB	2.0661	0.3660	5.7102	0.0000

变量	相关系数	标准差	t 统计量	概率
其他主要的检验统计量				
R^2	0.976795			
调整的 R^2	0.973438			
F 统计量	290.9489			
概率（F 统计量）	0.000000			
D－W 统计量	2.285875			

　　我国中部地区的检验结果表明，信息化发展水平和区域创新能力因果关系特征不显著，既不像我国东部地区呈现出的因果关系，也不像我国西部地区呈现出的完全没有因果关系。出现这种情况的原因主要在于我国中部地区不但有着我国东部地区产业转移的工业制造业，还有着西部地区资源丰富的特征，如山西煤炭资源非常丰富，这种独特的资源布局和经济发展空间是我国中部地区呈现出复杂的因果关系的主因。

第七章　基于创新能力培养的
信息化发展路径

第一节　加快立法，完善信息化制度环境

政府要做好制定规则和执行规则，制定技术标准和保障网络安全工作。地方政府要根据当地经济、科技、文化等发展情况，因地制宜，有重点地逐步推进信息化。发展中国家的贫困与其说是缺乏物质资本、技术，倒不如说是缺乏能够有效消除交易的不确定性、契约不完全与机会主义所带来的交易成本，以及能有效激励人们进行专用资产投资从而提高社会专业化分工水平的经济制度。这些经济制度可以直接提升交易效率，间接促进专业化分工的演进，更好地促进现代经济的增长，改善人民的福利水平。

第二节　用信息技术改造传统产业，
提升先进制造业水平

一　通过信息化来改造传统优势产业，巩固和提高其竞争优势

石化、电子、汽车、钢铁这些传统产业中的企业是在粗放型的经济增长方式中成长起来的，在以往增长模式中，只要不断地增加资源的投入，就可以取得较高的产出和利润，导致这些企业对于市场的敏感程度不强，对于市场变化调节能力较弱，这些企业应通过

信息化建设，通过柔性化管理，来提高对市场的敏感性和组织内部的快速反应能力，降低企业经营成本，提高企业核心竞争能力。

二 把握产业发展趋势，通过信息化建设推动新兴产业发展

通过信息化建设，推动新兴产业发展，要做好以下工作：

首先，要做好产业规划，侧重从产业链的培育和龙头企业的打造两个方面推动高新技术产业的发展。

其次，通过信息化建设走国际化、市场化、民营化路子，以外资、民资为突破口发展高新技术产业，鼓励企业加大技术开发力度，提高企业的核心竞争力和产品的技术含量。高新技术产业具有赢者通吃的特性，进入门槛较高，同时也面临全球性的市场竞争，所以只有通过信息化建设，不断地与外界交流信息，才会有市场的立足之地和发展机会。

最后，通过信息化建设，降低新兴产业进入门槛，提高中小企业的创业成功概率。对新兴产业而言，从其技术发展方向和市场前景而言，总是具有一定的不确定性，企业进入这些不确定性较强的领域，将面临由于信息不对称而带来的风险。通过信息化建设，加快各种信息在企业互相之间、企业与政府之间的流动，一方面可以使企业更了解产业的最新动态，能够把握住产业的发展趋势；另一方面也可以使政府及时调整相关的产业政策，更好地支持企业的发展。

第三节 通过信息化建设，走创新型
发展道路

在市场经济时代，区域的竞争力主要依赖面对外部环境的动态调整能力，这就需要区域具有较强的创新能力。创新是应对各种挑战、抢抓各种机遇的最大法宝。要突破资源和环境约束，加快产业结构调整升级，走全面协调可持续发展之路，就需要提升区域的核心竞争能力，在经济社会发展中进一步凸显比较优势，把人才、技术和资源上的潜在优势转变为现实优势，着力打造一批具有自主知识产权的核心产业和核心产品，占领产业发展的高端，才能在新一轮经济发展中脱颖而出，以崭新的发展模式、独特的发展优势实现率先发展。

回归分析表明，信息化指数对数的系数除了西部地区都是正的，这说明信息化水平对于创新能力有很大带动作用，而传统的生产要素，如资本量、劳动量，已经不再是影响经济增长最为主要的要素。此外，上文研究还表明，信息化对于经济的增长存在规模递增规律，即信息化水平最高的地方，信息化对于创新的增长影响最为明显，如东部地区指数对数的系数估计最高，对创新能力的带动效果也最为明显。所以，通过信息化建设走创新型发展道路，具体来说，包括以下几点：

一　通过信息化建设，构建和完善科技创新体系，促进科技成果的产业化进程

为了构建科技创新体系，要建设科技成果转化平台，以及高校与企业互动机制、政府推动机制。目前，在高校和企业之间存在技术鸿沟，先进的技术很难直接由高校向企业流动，其中关键问题就是互相之间的信息不对称，即企业家不了解技术的成熟度和发展趋势，而科研人员不了解技术的市场价值，除进行机制设计外，通过信息化建设，加强信息在双方的流动，可以缓解这一现象的产生。

二　从创新主体和载体建设入手，通过信息化建设，提高科技创新效率

高校和科研院所在创新中占据了主要的位置，无论从发表文章到专利申请量和拥有量，都要比企业多出许多。同时，在企业中，创新又主要集中在大中型国有企业，对科技需求最为迫切的中小型民营科技企业反而创新程度最低。针对这种现象，提出以下对策：

第一，通过包括信息化建设在内的多种方式，真正使企业成为创新主体。企业之所以没有成为创新的主体，一是与市场失灵有关，二是与企业创新成本太高有关。如果企业所处市场使其不需要创新就可以取得高额利润，或者即使创新也很难取得高额利润，那么企业就一定不会成为创新主体，可以称之为市场失灵。通过包括信息化建设的多种手段，可以规范市场运作，例如，政府通过信息平台定期发布公共信息，或通过电子政务系统，规范政府办事流程，减少政府与企业之间的寻租行为。企业的创新成本超过其创新带来的收益，企业也不会主动创新，可以通过信息化建设，建立企业之间的共同技术平台，降低企业创新的技术难度和成本。目前南京市已经在这方面采取了一系列措施，已取得了初步成效。

第二，通过信息化建设，搭好科技创新载体平台。为了使开发区更好发挥作用，成为科技成果孵化、科技企业培育的主阵地，应在以下两个方面有所改进：在硬件环境上，要通过信息化基础设施的投入，提高硬件设施水平；在软环境上，管理部门要加强服务意识，为驻区企业发展创造良好环境。

第四节　关注东部、中部和西部地区之间的差异发展

我国各地区信息化水平整体上呈逐年上升的趋势，但区域间的差异较大，区域间信息化发展不平衡问题仍然十分严峻。研究发现，东部、中部、西部等地区的信息化和区域创新能力存在较大差异，而且呈现出逐年扩大趋势。

因此，国家应该从中国经济可持续发展的角度出发，制定一些向西部地区倾斜的政策，给予西部地区更多的实惠，使经济快速发展，缩小与东部沿海地区之间的差距，促进经济发展和区域协调一致。

一　大力推行普遍服务政策，统筹城乡信息化发展

近年来，西部通信业虽然也取得了长足进步，但是由于历史原因，西部通信水平与东部的差距十分明显。在我国，西部地区的自然条件不是很好，居住人口也比较分散。在那里进行通信基础设施的建设，往往要花费更多的投资，因此电信运营商不愿意在那里提供服务。使西部地区没有享受到与东部地区同等的通信服务。应该

尽快建立一种有效的普遍服务机制，使电信运营商降低电信、网络使用资费，促进信息消费。继续执行家电下乡政策，让消费者买得起通信设备，通过这些终端接入互联网，提高生活质量，加快工作效率，促进经济发展，感受到信息化带来的方便，统筹城乡信息化发展，缩小"数字鸿沟"。继续加大对信息化基础建设的投入，在西部地区人力推进三网融合，通过三网融合，使西部地区通信提高档次，逐步达到东部沿海地区的水平，缩小东西部之间信息化差距，弥合"数字鸿沟"。

二 加大信息基础设施投入，推广信息技术的应用

继续完善信息基础设施建设，今后发展充分利用现有网络资源和社会资金，建成结构合理、高速宽带、面向未来的信息网络；大力发展高速信息网，提高信息网络传输能力和质量。不断提高电信网络质量，加快传输速度，满足人们日益增加的下载流量需求。扩大信息技术的推广应用，通过互联网，计算机网络教育，让人们更加方便地获取知识。

三 提高自主创新能力，加大核心技术研发力度

完善信息产业自主创新体系，着力提高核心竞争力。要加快信息技术的研发，加大信息技术的研发投入，重点投资在下一代通信网络建设、物联网、云计算等研究上，让这些高科技转化为成果。培育有自主知识产权的产品，提高核心竞争力，努力实现通信信息技术的创新与突破。

附　录

信息化指数计算原始数据

指标	2000 年	2001 年	2002 年	2003 年	2004 年	2005 年	2006 年	2007 年	2008 年	2009 年	2010 年
每百户电视机数（部/百户）	73.29338	79.299494	86.22189447	93.21245405	99.44608502	105.8959283	110.472	113.888454	114.6012284	121.38612	—
每百户家用电脑拥有量（部/百户）	3.83224	5.438926	8.734234778	12.11592763	14.92912269	19.03805867	22.2355	26.190446	29.98275643	34.61538	—
移动电话普及率（部/百人）	6.72	11.47	16.14	21.02	25.91	30.26	35.30	41.64	48.53	56.27	64.36
移动电话年末用户（万户）	8453.30	14522.20	20600.46	26995.30	33482.44	39340.58	46105.80	54730.59	64124.51	74721.40	85900.30
广播节目综合人口覆盖率（%）	92.47	92.90	93.30	93.72	94.05	94.48	95.04	95.43	95.96	96.31	96.78

续表

指标	2000 年	2001 年	2002 年	2003 年	2004 年	2005 年	2006 年	2007 年	2008 年	2009 年	2010 年
电视节目综合人口覆盖率（%）	93.65	94.20	94.60	94.97	95.29	95.81	96.23	96.58	96.95	97.23	97.62
互联网普及率（%）	—	—	4.60	6.20	7.30	8.50	10.50	16.00	22.60	28.90	34.30
长途光缆线路长度（万公里）	286642.00	399082.00	487684.00	594303.00	695271.00	723040.00	722439.18	792154.00	797979.00	831011.00	818133.00
长途电话交换机容量（路端）	5635498.00	7035769.00	7730133.00	10610724.00	12629982.00	13716307.00	14423427.00	17092213.00	16907188.00	16849027.00	16414644.00
移动电话交换机容量（万户）	13985.60	21926.30	27400.30	33698.40	39684.30	48241.70	61032.00	85496.10	114531.40	144084.75	150284.90
电话普及率（包括移动）（部/百人）	19.10	26.55	33.67	42.16	50.03	57.22	63.40	69.45	74.29	79.89	86.41
平均每人每年发函件数（件/人）	6.40	6.90	8.30	8.08	6.41	5.66	5.50	5.30	5.60	5.66	5.52
平均每人每年订报刊数（份/百人）	16.40	17.20	13.90	12.90	11.40	11.20	11.20	9.90	11.90	10.40	12.81
固定本地电话通话次数（亿次）	2690.97	6232.84	6855.63	6988.45	7225.60	7399.80	7008.04	6771.41	6185.87	5401.77	4369.06

续表

指标	2000 年	2001 年	2002 年	2003 年	2004 年	2005 年	2006 年	2007 年	2008 年	2009 年	2010 年
固定长途电话通话时长（亿分钟）	671.48	628.18	539.86	587.46	741.64	894.22	976.06	1040.63	970.72	823.35	734.90
移动电话通话时长（亿分钟）	1845.30	2904.47	4183.98	6308.91	9454.75	12507.43	16870.65	23061.33	29355.64	35351.02	43261.23
IP 电话通话时长（亿分钟）	31.50	201.90	591.60	834.20	1149.00	1340.20	1492.20	1494.90	1399.30	1164.81	988.83
移动短信业务量（亿条）	—	—	583.26	1386.29	2170.54	3046.34	4295.37	5945.79	6996.89	7726.48	8277.46
广播节目制作时间（小时）	3381466.00	3494303.00	3774001.00	4941400	5267457	6139227	6192239	6332506	6494035	6716500	6814226
电视节目制作时间（小时）	585007.00	989173.00	1072704.00	2108600	2117158	2553861	2618034	2553283	2641949	2653552	2742949
域名数（万个）	—	12.73	17.95	34.004	43.2077	259.20	410.90	1193.10	1682.60	1681.50	—
网站数（万个）	—	27.71	37.16	59.56	66.90	69.40	84.30	150.40	287.80	323	—
主营业务收入（亿元）	—	11885.00	14000.00	18800	25096	38411	47500	56000	63000	—	—

续表

指标	2000年	2001年	2002年	2003年	2004年	2005年	2006年	2007年	2008年	2009年	2010年
利润总额（亿元）	—	563.00	600.00	700	1196	1307	1806	2100	—	—	—
计算机软件著作权登记量（件）	—	5864.00	10900.00	11360	15289	18653	23095	24518	47398	67912	—
研究与试验发展经费支出（亿元）	—	1042.50	1287.60	1539.60	1966.30	2450	3003.10	3710.20	4616	5791.90	—
研究与试验发展经费支出占 GDP 比重（%）	—	0.95	1.07	1.13	1.23	1.32	1.39	1.40	1.47	1.70	—
教育经费（亿元）	—	4637.70	5480.00	6208.30	7242.60	8418.80	9815.30	12148.10	14500.70	—	—
教育经费占 GDP 比重（%）	—	4.29	4.60	4.59	4.54	4.58	4.63	4.72	4.62	—	—
普通高等学校在校学生数（万人）	—	719.10	903.40	1108.6	1333.5	1561.8	1738.8	1884.9	2021	2144.7	—
技术市场成交额（亿元）	—	783.00	884.00	1085	1334	1551	1818	2227	2665	3039	—

2009 年 31 个省市区信息化测量指标原始数据

地区	每百户城镇居民电视机拥有数（部/百户）	每百户城镇居民家用电脑拥有量（部/百户）	邮电业务总量（亿元）	电话普及率（部/百户）	移动电话年末用户（万户）	广播节目综合人口覆盖率（%）	电视节目综合人口覆盖率（%）	互联网普及率（%）
北京	137.61	73.09	970.45	106.5904	1825.5	99.99	99.99	65.10
天津	125.21	43.72	390.14	85.85131	992.50	100	100	48.00
河北	116.68	29.93	1199.83	70.59855	3783.20	98.95	98.86	26.40
山西	108.95	26.38	635.07	80.33162	1952.30	92.46	96.77	31.20
内蒙古	103.48	21.15	554.26	49.14098	1616.00	94.75	93.53	23.80
辽宁	115.96	31.57	965.11	88.50633	2882.10	98.40	98.50	37.00
吉林	115.50	26.03	525.94	60.78008	1574.20	98.26	98.48	26.60
黑龙江	107.35	23.87	697.15	66.42216	1865.90	98.60	98.80	23.90
上海	187.74	86.44	1034.72	97.79897	2113.20	—	—	62.00
江苏	149.65	39.68	1812.88	100.5364	4940.30	100	99.90	36.00
浙江	171.28	55.98	1736.68	90.28149	4456.30	99.10	99.30	47.90
安徽	121.94	28.44	703.42	78.24427	2154.60	97.01	97.20	17.40

续表

地区	每百户城镇居民电视机拥有数（部/百户）	每百户城镇居民家用电脑拥有量（部/百户）	邮电业务总量（亿元）	电话普及率（部/百户）	移动电话年末用户（万户）	广播节目综合人口覆盖率（%）	电视节目综合人口覆盖率（%）	互联网普及率（%）
福　建	147.19	51.07	999.18	87.16682	2639.10	97.64	98.41	45.20
江　西	123.51	27.37	592.68	62.64085	1548.00	96.12	97.47	18.00
山　东	115.54	38.80	1676.60	72.87848	5334.50	98.02	97.88	29.40
河　南	113.48	26.25	1278.56	50.37289	3987.20	97.21	97.28	21.30
湖　北	117.08	29.58	841.78	63.43246	3136.90	97.41	97.49	25.70
湖　南	107.91	23.86	900.40	65.34951	2752.40	91.66	96.11	22.00
广　东	128.79	51.31	4149.11	87.12581	8923.30	97.50	97.70	50.90
广　西	115.39	35.07	694.30	68.00145	1960.10	92.80	95.30	21.40
海　南	107.97	24.14	191.98	66.63197	496.40	96.40	95.40	28.60
重　庆	118.26	29.88	490.89	70.47905	1440.90	92.89	96.46	28.30

续表

地区	每百户城镇居民电视机拥有数（部/百户）	每百户城镇居民家用电脑拥有量（部/百户）	邮电业务总量（亿元）	电话普及率（部/百户）	移动电话年末用户（万户）	广播节目综合人口覆盖率（%）	电视节目综合人口覆盖率（%）	互联网普及率（%）
四 川	116.53	27.89	1173.07	67.31802	3466.90	96.20	97.20	20.10
贵 州	103.92	24.97	465.57	53.59447	1453.40	86.60	91.30	15.10
云 南	106.32	22.32	678.98	43.98756	1936.40	94.29	95.06	18.60
西 藏	95.66	16.47	53.00	58.30625	124.00	89.20	90.36	18.60
陕 西	114.17	31.48	746.57	61.99264	2337.40	96.32	97.51	26.50
甘 肃	106.11	19.27	361.75	60.68113	1194.70	92.63	92.91	20.40
青 海	100.70	17.40	90.82	72.27369	301.00	88.89	94.34	27.70
宁 夏	112.85	24.72	119.99	64.16545	382.80	92.90	97.30	22.80
新 疆	93.41	21.95	462.64	60.62951	1113.00	94.40	94.78	27.50

续表

	长途光缆线路长度（万公里）	长途电话交换机容量（路端）	移动电话交换机容量（万户）	移动电话普及率（部/百人）	固定本地电话通话次数（亿次）	固定长途电话通话时长（亿分钟）	移动电话通话时长（亿分钟）	IP电话通话时长（亿分钟）
北　京	3717	544710	3814.0	210.4588	255.50	27.50	963.70	69.10
天　津	3110	137246	1840.00	158.0713	61.00	7.30	487.10	24.50
河　北	29925	342990	7843.00	125.3125	198.20	28.30	1742.00	6.20
山　西	26096	322104	4223.50	114.4309	126.30	16.70	861.70	6.80
内蒙古	42626	248814	4122.00	141.3303	65.90	10.70	860.80	6.50
辽　宁	23997	488583	4449.80	136.2032	265.00	29.00	1263.70	30.60
吉　林	20161	276018	3103.00	171.4151	110.60	9.70	785.10	5.60
黑龙江	41304	482924	4229.60	141.3732	144.70	19.40	1020.40	15.90
上　海	4297	670854	4548.00	196.7616	272.90	27.00	876.00	131.40
江　苏	32137	1132342	7950.40	158.8631	358.70	76.10	2218.40	25.50
浙　江	22955	914657	8170.70	185.3317	297.30	72.70	2168.90	22.20

续表

	长途光缆线路长度（万公里）	长途电话交换机容量（路端）	移动电话交换机容量（万户）	移动电话普及率（部/百人）	固定本地电话通话次数（亿次）	固定长途电话通话时长（亿分钟）	移动电话通话时长（亿分钟）	IP电话通话时长（亿分钟）
安徽	23674	716721	4584.50	132.7615	119.70	13.10	847.80	44.00
福建	19553	650859	5741.20	198.4992	217.20	28.70	1359.10	23.00
江西	21589	542348	3574.80	149.6293	91.80	13.70	859.20	8.00
山东	30067	484801	10538.70	163.8842	309.60	37.10	2310.30	60.20
河南	36431	1058034	7288.30	145.6354	338.20	34.70	1857.00	9.20
湖北	29242	577630	5296.70	148.0938	137.30	36.10	1071.60	43.20
湖南	35218	567148	4392.50	132.9661	183.90	24.60	1295.40	38.10
广东	45710	3091375	16623.90	198.7763	736.00	147.00	4491.50	300.10
广西	36525	633555	3770.50	161.9701	182.00	29.00	987.60	8.20
海南	803	86674	864.40	137.913	32.10	6.00	294.70	5.20

续表

	长途光缆线路长度（万公里）	长途电话交换机容量（路端）	移动电话交换机容量（万户）	移动电话普及率（部/百人）	固定本地电话通话次数（亿次）	固定长途电话通话时长（亿分钟）	移动电话通话时长（亿分钟）	IP电话通话时长（亿分钟）
重 庆	11143	238846	2340.20	141.6602	122.70	8.30	716.00	34.10
四 川	77292	710030	9611.00	145.8218	243.20	28.10	1656.00	86.90
贵 州	28612	285437	2332.20	126.6533	60.90	9.10	719.00	14.40
云 南	33978	370062	3670.90	148.2078	90.20	18.20	1018.20	27.60
西 藏	20419	57304	184.00	90.37826	10.80	3.70	64.20	2.30
陕 西	26489	409802	3636.60	165.4794	139.00	23.20	1064.40	50.70
甘 肃	30106	243536	1719.00	122.0204	75.40	13.00	516.00	5.40
青 海	25550	128113	438.00	134.9239	18.60	4.30	117.10	2.50
宁 夏	9885	73490	722.40	162.8392	16.30	2.90	172.00	2.80
新 疆	38403	316388	2461.00	111.1438	120.80	17.80	686.40	54.70

续表

	移动短信业务量（亿条）	全年广播节目播出时间（小时）	全年电视节目播出时间（小时）	互联网接入端口（万个）	网民数（万人）	国内专利授权数（件）	教育经费（万元）	普通高等学校在校学生数（万人）	技术市场成交额（亿元）
北 京	364.40	115551	107732	184.50	1103	22921	4690166	586685	12362450
天 津	114.90	127264	149510	724.00	564	7404	2060843	405968	1054611
河 北	380.40	552471	739945	377.70	1842	6839	5584914	1060450	172112
山 西	188.50	356657	459671	179.80	1064	3227	3328404	547391	162068
内蒙古	160.10	617770	615727		575	1494	2625527	351928	147651
辽 宁	270.50	698470	670111	288.10	1595	12198	4792311	852467	1197095
吉 林	169.60	386419	447691	367.40	726	3275	2714195	530975	197598
黑龙江	171.00	407750	643399		912	5079	3386551	708935	488550
上 海	329.00	131467	173742	1092.50	1171	34913	4823026	512809	4354108
江 苏	708.00	768270	785118	947.30	2765	87286	9964272	1653427	1082184
浙 江	598.80	694857	700189	471.90	2452	79945	7972834	866496	564581

续表

	移动短信业务量（亿条）	全年广播节目播出时间（小时）	全年电视节目播出时间（小时）	互联网接入端口（万个）	网民数（万人）	国内专利授权数（件）	教育经费（万元）	普通高等学校在校学生数（万人）	技术市场成交额（亿元）
安徽	282.90	481671	648882	471.80	1069	8594	4383732	877782	356174
福建	262.80	497291	326197	281.80	1629	11282	3898541	606284	232594
江西	152.80	341045	610086	1028.90	790	2915	3333171	793488	97893
山东	448.80	812968	924745		2769	34513	7749148	1592974	719391
河南	307.40	628506	858190	433.30	2007	11425	6561523	1368813	263046
湖北	252.70	444490	644317	389.90	1469	11357	4519593	1249061	770329
湖南	228.10	333383	693892	1733.40	1406	8309	5066050	1016833	440432
广东	824.90	778520	678279	402.40	4860	83621	11661554	1334089	1709850
广西	192.10	269943	452354	77.30	1030	2702	3476223	528342	17662
海南	43.70	106500	78847		244	630	928981	142082	5556
重庆	114.90	105742	244384	507.70	803	7501	2662580	484199	383158

续表

	移动短信业务量（亿条）	全年广播节目播出时间（小时）	全年电视节目播出时间（小时）	互联网接入端口（万个）	网民数（万人）	国内专利授权数（件）	教育经费（万元）	普通高等学校在校学生数（万人）	技术市场成交额（亿元）
四川	342.40	494826	928740	163.60	1635	20132	6578338	1035934	545977
贵州	109.30	143427	234895	247.10	573	2084	2709138	299072	17806
云南	222.10	259112	720880	15.70	844	2923	3422932	393601	102469
西藏	15.20	36574	45846		53	292	494122	30264	—
陕西	204.50	393831	557044	121.40	995	6087	3806168	893748	698074
甘肃	141.70	259060	392991	32.80	535	1274	2310200	361490	356287
青海	24.50	56284	66812	38.90	154	368	608034	43782	84967
宁夏	39.00	101668	148463	175.10	141	910	702612	75564	8982
新疆	61.40	690612	853775		634	1866	2501661	241637	12078

2009 年 31 个省市区创新能力测评指标原始数据

指标		北京	天津	河北	山西	内蒙古	辽宁	吉林	黑龙江	上海
创新经费	R&D 经费内部支出占 GDP 比重	5.50	2.37	0.78	1.10	0.53	1.53	1.12	1.27	2.81
	固定资产投资系数	0.740269	1.661728	2.781538	3.482913	1.392324	1.472491	0.942237	5.035505	0.21944
	政府经费占科技经费内部支出比重	0.5226963	0.1813459	0.2172854	0.1697856	0.1576152	0.209905	0.3144892	0.3757208	0.2667233
	人均 R&D 经费	26.46215	24.58245	15.93888	12.41137	16.59367	19.45485	14.41841	15.03994	24.82977
	R&D 投入强度	550.1797	237.2636	78.23661	109.8844	53.46125	152.7486	111.7777	127.1345	281.3803
创新人员	R&D 人员数	252676	72599	84601	65147	31381	119440	56428	72587	170512
	每万人 R&D 人员	201.3231	143.1207	21.6941	40.7258	27.4678	54.5398	47.6304	43.0153	183.4963
	R&D 人员全时当量	191779	52039	56509	47772	21676	80925	39393	54159	132859
高科技企业	高科技企业数	1150	868	424	154	109	999	447	209	1536
	高科技企业总产值占 GDP 比重	0.2268685	0.2527397	0.0365044	0.0267004	0.024292	0.0863659	0.0738671	0.0362641	0.3693529
	高科技企业 R&D 经费内部支出	857475	1077340	876779	572980	357371	1524988	306229	586423	2070546
技术市场交易	技术市场成交额	12362450	1054611	172112	162068	147651	1197095	197598	488550	4354108
	国外技术引进合同金额	358710	86771	6173	6539	6044	68833	44638	2741	445498
	国外技术引进合同数	49938	9842	4392	826	865	15729	3222	2068	26952

	指标	北京	天津	河北	山西	内蒙古	辽宁	吉林	黑龙江	上海
创新产出	专利授权数	22921	7404	6839	3227	1494	12198	3275	5079	34913
	专利申请总量	50236	19624	11361	6822	2484	25803	5934	9014	62241
	科技论文检索总量	48554	7299	4107	2053	481	11933	6597	9693	25066
	大中型企业新产品销售收入	15237869	8991285	367339	353113	2300	1807739	215120	312176	14089811
经济发展水平	GDP总量	12153.03	7521.85	17235.48	7358.31	9740.25	15212.49	7278.75	8587.00	15046.45
	年人均可支配收入	22727.71	16695.71	6329.39	6437.01	8463.47	9511.99	7468.14	6974.12	25550.27
	人均财政收入	11548.769	6692.8706	1517.0066	2351.1621	3512.9406	3684.2318	1778.0084	1677.1111	13223.829
	地方财政收入	2026.81	821.99	1067.12	805.83	850.86	1591.22	487.09	641.66	2540.30
	地方财政收入占GDP比例	0.166774	0.1092805	0.0619143	0.1095126	0.0873549	0.1045996	0.06692	0.0747249	0.1688304
信息化	固定电话用户数量	893.10	385.30	1343.90	758.80	441.60	1529.10	581.30	870.20	935.50
	上网人数	1103	564	1842	1064	575	1595	726	912	1171
	移动电话用户数	1825.50	992.50	3783.20	1952.30	1616.00	2882.10	1574.20	1865.90	2113.20
	电信业务总量	881.60	364.10	1149.30	599.00	542.20	917.80	504.30	660.10	840.00

续表

指标		北京	天津	河北	山西	内蒙古	辽宁	吉林	黑龙江	上海
制度	非国有经济固定资产占全部固定资产投资比例	0.665003	0.628557	0.785615	0.54022	0.614142	0.792746	0.724434	0.589884	0.530341
	政府经费占科技经费内部支出比例	0.5226963	0.1813459	0.2172854	0.1697856	0.1576152	0.209905	0.3144892	0.3757208	0.2667233
	高校和科研机构科技活动经费筹集中来自企业资金的比例	0.0721745	0.2025448	0.0932212	0.1859227	0.0674761	0.2841828	0.1494155	0.1391913	0.1301242
	教育经费占预算支出比例	0.157658	0.154416	0.187143	0.178052	0.126363	0.129262	0.146693	0.141984	0.116051
教育文化	15岁及以上人口中大专以上学历所占比例	2.9084744	1.4816938	0.5865319	0.894547	0.8904963	0.9891144	0.8839838	0.7221098	1.62784
	大学数	86	55	109	71	41	107	55	78	66
	图书馆	24	31	164	126	113	128	66	100	29

	江苏	浙江	安徽	福建	江西	山东	河南	湖北	湖南	广东	广西	海南
	2.04	1.73	1.35	1.11	0.99	1.53	0.90	1.65	1.18	1.65	0.61	0.35
	1.119156	0.929082	1.808823	0.657585	2.773901	1.21436	2.198364	1.267195	1.36486	0.658288	1.976726	1.847868
	0.1287898	0.0918453	0.2297555	0.1081681	0.2231323	0.0864046	0.1588519	0.2613446	0.159251	0.0877331	0.2411384	0.5451493
	19.00236	16.68368	15.50847	15.7889	14.62474	22.28698	13.23317	16.20967	16.36351	17.02585	10.47809	8.911053
	203.7167	173.48	135.1047	110.6375	99.14019	153.2871	89.71037	164.6843	117.5369	165.3849	60.8349	34.94478

续表

	江苏	浙江	安徽	福建	江西	山东	河南	湖北	湖南	广东	广西	海南
	369403	239058	87664	85745	51894	233137	132062	131680	93806	383524	45049	6487
	81.4357	62.4958	23.7588	39.5347	23.1242	42.7793	22.1998	43.5381	24.0054	67.9604	15.7369	15.0354
	273273	185069	59697	63269	33055	164620	92571	91161	63843	283650	29856	4210
	4542	3094	617	743	502	1907	678	739	603	5603	303	52
	0.377724	0.1162266	0.0457436	0.1611576	0.0987109	0.1344	0.0489326	0.0802031	0.0496758	0.4346714	0.0352706	0.0330974
	4515133	2158526	781883	861242	516110	4111740	1221761	1057682	825117	4996797	265124	14366
	1082184	564581	356174	232594	97893	719391	263046	770329	440432	1709850	17662	5556
	159404	52209	17810	56386	13058	95767	30341	36130	2745	338243	8820	2534
	13938	12786	5888	11282	2273	7672	3913	5689	5258	14408	290	62
	87286	79945	8594	17559	2915	34513	11425	11357	8309	83621	2702	630
	174329	108482	16386	4369	5224	66857	19589	27206	15948	125673	4277	1040
	23051	13495	6510		2152	10698	4774	15286	9787	11312	1535	183
	13352632	4726081	448942	7105192	495388	7129663	663011	1048371	253920	19753304	88064	501
	34457.30	22990.35	10062.82	12236.53	7655.18	33896.65	19480.46	12961.10	13059.69	39482.56	7759.16	1654.21
	11426.76	14249.66	5930.10	10062.49	6054.50	8606.29	5418.69	6609.04	6516.42	13678.37	6056.98	6751.60
	4179.6505	4136.1257	1409.0972	2570.7974	1311.5534	2321.608	1186.9546	1424.5897	1323.1623	3786.8967	1278.8072	2062.819
	3228.78	2142.51	863.92	932.43	581.30	2198.63	1126.06	814.87	847.62	3649.81	620.99	178.24
	0.0937038	0.0931918	0.0858524	0.0762004	0.0759357	0.0648628	0.0578048	0.0628701	0.0649034	0.0924411	0.080033	0.1077505

续表

江苏	浙江	安徽	福建	江西	山东	河南	湖北	湖南	广东	广西	海南
2662.40	2130.90	1267.30	1244.80	748.50	2217.30	1460.60	1088.30	1166.90	3366.70	787.60	182.80
2765	2452	1069	1629	790	2769	2007	1469	1406	4860	1030	244
4940.30	4456.30	2154.60	2639.10	1548.00	5334.50	3987.20	3136.90	2752.40	8923.30	1960.10	496.40
1658.50	1625.30	664.60	941.90	560.40	1593.30	1219.80	796.30	858.30	3847.30	671.80	184.20
0.821548	0.76303	0.730509	0.66789	0.742443	0.84847	0.820756	0.667055	0.64161	0.725459	0.68537	0.671622
0.1287898	0.0918453	0.2297555	0.1081681	0.2231323	0.0864046	0.1588519	0.2613446	0.159251	0.0877331	0.2411384	0.5451493
0.2647919	0.2735246	0.1127778	0.1494488	0.1899548	0.1459705	0.1210281	0.1749094	0.1935503	0.1609517	0.1671541	0.0235341
0.169422	0.195726	0.151169	0.196592	0.161247	0.187744	0.181066	0.151747	0.161768	0.18531	0.18288	0.15327
0.6072879	0.8609573	0.4256021	0.9061897	0.7731252	0.5786272	0.5369932	0.7076243	0.512355	0.8671995	0.4039488	0.722522
148	99	106	84	85	126	99	120	115	125	68	17
109	96	89	85	108	150	142	107	120	133	100	20

重庆	四川	贵州	云南	西藏	陕西	甘肃	青海	宁夏	新疆
1.22	1.52	0.68	0.60	0.33	2.32	1.10	0.70	0.77	0.51
1.5876	2.431839	1.559484	2.093195	1.469484	1.63174	2.841408	3.437829	1.453036	4.960371
0.1926974	0.4868529	0.2099773	0.4285705	0.5744338	0.6080541	0.3800281	0.2837779	0.2334621	0.2880332
14.89157	17.14452	13.21861	10.09612	7.50762	20.25159	12.63521	10.11157	9.739051	10.76594
121.6843	151.5474	67.50726	60.34351	32.59154	231.9595	109.9943	70.23028	77.16052	50.97967

续表

	重庆	四川	贵州	云南	西藏	陕西	甘肃	青海	宁夏	新疆
	53359	125089	19982	36876	1916	93576	29490	7510	10722	20253
	28.4054	25.2949	8.5353	13.5067		48.7507	20.9652	26.3011	32.6387	24.4256
	35005	85921	13093	21110	1332	68040	21158	4603	6920	12655
	287	830	151	143	10	359	80	28	20	31
	0.0540336	0.1248481	0.0750483	0.0238535	0.0135717	0.0877671	0.0198934	0.0177754	0.0243034	0.0055506
	521899	732963	177654	131235	1937	556643	184849	39821	69912	129772
	383158	545977	17806	102469		698074	356287	84967	8982	12078
	129188	39350	827	7712		16030	5477	150	4287	230
	2465	7632	988	1028	292	6243	2680	429	450	479
	7501	20132	2084	2923	195	6087	1274	368	910	1866
	13482	33047	3709	4633	8	15570	2676	499	1277	2872
	4423	10058	581	1849		13546	3793	122	81	586
	566061	3796076	326937	169058		1550759	50742	320	80345	50100
	6530.01	14151.28	3912.68	6169.75	441.36	8169.80	3387.56	1081.27	1353.31	4277.05
	8124.74	5355.85	3844.61	4904.14	3223.57	6146.01	3895.07	5311.15	6462.58	4883.30
	2291.6058	1435.0552	1096.5669	1527.5706	1037.4582	1949.2853	1087.4375	1574.3424	1784.6369	1801.072

续表

	重庆	四川	贵州	云南	西藏	陕西	甘肃	青海	宁夏	新疆
	655.17	1174.59	416.48	698.25	30.09	735.27	286.59	87.74	111.58	388.78
	0.1003322	0.0830026	0.1064427	0.1131735	0.0681743	0.0899986	0.0846007	0.0811436	0.0824464	0.0909002
	627.70	1551.20	451.10	583.10	53.90	815.00	453.90	109.30	114.50	550.50
	803	1635	573	844	53	995	535	154	141	634
	1440.90	3466.90	1453.40	1936.40	124.00	2337.40	1194.70	301.00	382.80	1113.00
	465.70	1118.10	453.20	663.60	51.30	715.70	352.50	88.10	116.70	448.60
	0.666967	0.616701	0.547363	0.539424	0.293484	0.531113	0.465586	0.504242	0.655939	0.539558
	0.1926974	0.4868529	0.2099773	0.4285705	0.5744338	0.6080541	0.3800281	0.2837779	0.2334621	0.2880332
	0.2588335	0.1440361	0.1340162	0.1145176	0	0.0673243	0.1261471	0.0489756	0.0344614	0.0255506
	0.147266	0.125725	0.187078	0.157851	0.129845	0.168852	0.165578	0.126998	0.146873	0.178294
	0.4441255	0.4349359	0.3704225	0.3312141	0.2233786	0.8702629	0.5394233	1.1678413	1.1361132	1.3116145
	50	92	47	61	6	89	39	9	15	37
	43	156	93	150	4	112	93	44	20	94

参考文献

常永华：《信息化对西部地区经济发展的实证研究》，《情报学报》
　　2003 年第 1 期。

陈红川：《高新技术产业技术创新能力评价实证研究》，《科技管理
　　研究》2010 年第 20 期。

陈昆玉：《社会信息化水平测度模型及其应用》，《情报科学》2001
　　年第 1 期。

陈黎：《区域创新能力的形成与提升机理研究》，博士学位论文，华
　　中科技大学，2011 年。

陈巍巍、张雷、陈世平、刘秋岭：《信息化绩效评估的指标体系框
　　架研究》，《科研管理》2013 年第 1 期增刊。

陈伟：《信息化与我国政府管理变革》，《青海社会科学》2003 年第
　　5 期。

陈武、王学军：《我国智力资本及其创新能力评估——基于 20 年面
　　板数据的实证研究》，《科学学与科学技术管理》2010 年第 5 期。

陈向东、傅兰生：《我国产业信息化水平测度研究——机械行业产
　　业信息实证分析》，《科研管理》1999 年第 6 期。

陈晓光：《教育、创新与经济增长》，《经济研究》2006 年第 10 期。

陈禹：《经济信息管理概论》，中国人民大学出版社 1996 年版。

陈玉川：《区域创新能力形成机理研究》，博士学位论文，江苏大
　　学，2009 年。

范柏乃、单世涛、陆长生：《城市技术创新能力评价指标删选方法
　　研究》，《科学学研究》2002 年第 6 期。

范承泽、胡一帆、郑红亮：《FDI 对国内企业技术创新影响的理论与

实证研究》，《经济研究》2008 年第 1 期。

方德英：《基于国家信息化水平指数分析河南信息经济》，《情报学报》2003 年第 5 期。

方维慰：《中国信息化空间格局的态势分析》，《情报理论与实践》2013 年第 10 期。

傅家骥等：《技术创新学》，清华大学出版社 1998 年版。

谷国锋、滕福星：《区域科技创新运行机制与评价指标体系研究》，《东北师范大学学报》（哲学社会科学版）2003 年第 4 期。

鬼木甫：《信息化与经济发展》，社会科学文献出版社 1994 年版。

桂学文、娄策群：《信息经济学》，科学出版社 2006 年版。

郭东强、王志江：《论企业信息化建设投入对企业产出增长的贡献》，《管理信息系统》2000 年第 10 期。

国家统计信息中心：《1999—2001 年中国各地区信息化水平测评与比较研究》，《统计研究》2004 年第 3 期。

何伟：《中国工业行业信息化水平和效率差异的实证研究》，博士学位论文，南京农业大学，2006 年。

何晓彬、曾五一：《信息化测算的方法》，《统计教育》2002 年第 4 期。

胡鞍钢：《中国面临三大"数字鸿沟"》，http：//news. xinhua-net. com/it/2002 – 04/05/content_ 344679. htm。

黄栋、邹珊刚：《信息化、区域创新系统与政府行为》，《科技进步与对策》2002 年第 7 期。

黄鲁成：《宏观区域创新体系的理论模式研究》，《中国软科学》2001 年第 1 期。

黄章树、任继奎：《企业信息化对 GDP 的贡献度模型及实证研究》，《中国管理科学》2009 年第 1 期。

贾颖颖、郭鹏、于明洁：《创新资源分布与区域创新能力差异的典型相关分析》，《情报杂志》2012 年第 9 期。

江辉煌：《广州市信息经济测度与国际比较》，硕士学位论文，中山大学，1997 年。

金江军：《如何破解中国"数字鸿沟"问题》，http：//222. 82. 219. 136/publish/portal7/tab575/info27056. htm。

靖继鹏、马哲明：《信息经济测度方法分析与评价》，《情报科学》 2003 年第 8 期。

靖继鹏、王欣：《信息产业测度新方法——综合信息产业力度法》， 《情报业务研究》1993 年第 3 期。

靖继鹏：《信息经济学》，清华大学出版社 2004 年版。

迈克尔·波特：《国家竞争优势》，华夏出版社 2002 年版。

黎峰：《中国自主创新能力影响因素的实证分析：1990—2004》， 《世界经济与政治论坛》2006 年第 5 期。

李京文：《信息化与经济发展》，社会科学文献出版社 1994 年版。

李向阳：《信息化对农业经济增长影响的回归分析》，《统计与决策》 2014 年第 4 期。

李晓东：《我国企业信息化发展的现状、障碍及对策建议》，《数量 经济技术经济研究》2001 年第 1 期。

林迎星：《区域创新优势》，经济管理出版社 2006 年版。

刘凤朝、孙玉涛：《国家创新能力测度研究述评》，《科学学研究》 2008 年第 4 期。

刘国新、李兴文：《国内外关于自主创新的研究综述》，《科技进步 与对策》2007 年第 2 期。

刘慧等：《南京市信息化与城市经济增长关系分析》，《天津师范大 学学报》2006 年第 3 期。

刘军、李廉水、王忠：《产业聚集对区域创新能力的影响及其行业 差异》，《科研管理》2010 年第 6 期。

刘荣添、叶民强：《信息化与经济增长的计量分析》，《经济问题探 索》2006 年第 9 期。

柳卸林、胡志坚：《中国区域创新能力的分布与成因》，《科学学研 究》2002 年第 5 期。

柳卸林：《区域创新体系成立的条件和建设的关键因素》，《中国科 技论坛》2003 年第 1 期。

娄策群等：《信息化管理理论与实践》，清华大学出版社、北京交通大学出版社 2010 年版。

卢太宏、吴伟萍：《信息宏观测度的研究（上）》，《情报学》1992年第 5 期。

陆立军、朱海就、陈愉瑜：《区域创新——基于浙江的研究报告》，中国经济出版社 2004 年版。

马生全、张忠辅、曹颖轶：《西北少数民族地区信息化建设投入对经济增长的作用研究方法初探》，《经济数学》2003 年第 1 期。

毛艳华：《区域创新系统的内涵及其政策含义》，《经济学家》2007年第 2 期。

漆艳茹、刘云、侯媛媛：《基于专利影响因素分析的区域创新能力比较研究》，《中国管理科学》2013 年第 2 期增刊。

冉光和、徐鲲、鲁钊阳：《金融发展、FDI 对区域创新能力的影响》，《科研管理》2013 年第 7 期。

沙利杰：《信息化水平测度及其与经济增长关系研究》，博士学位论文，天津大学，2008 年。

邵宇开、王浣尘、曾赛星：《区域信息化与劳动生产率相关关系的实证分析》，《科学学研究》2006 年第 2 期。

沈菊华：《我国区域科技创新能力评价体系的研究和应用》，《经济问题》2005 年第 8 期。

石洪斌、陈畴镛：《二元经济条件下的社会信息化水平测度方法》，《杭州电子工业学院学报》2001 年第 12 期。

时省、赵定涛、洪进、董慧萍：《集聚视角下知识密集型服务业对区域创新的影响研究》，《科学学与科学技术管理》2013 年第12 期。

宋玲：《信息化水平测度的理论与方法》，经济科学出版社 2001年版。

陶长琪：《我国信息产业发展的实证分析》，《华东交通大学学报》2001 年第 4 期。

陶长琪：《信息经济学》，经济科学出版社 2001 年版。

汪斌、余冬筠:《中国信息化的经济结构效应分析——基于计量模型的实证研究》,《中国工业经济》2004 年第 7 期。

汪涛、吴贵生:《信息化对国家技术创新体系建设的影响》,《理论探讨》2000 年第 6 期。

汪玉凯:《信息化的水平是国家创新能力的重要标志》,《中国特色社会主义研究》2008 年第 1 期。

王红领、李稻葵、冯俊新:《FDI 与自主研发:基于行业数据的经验研究》,《经济研究》2006 年第 6 期。

王君、杜伟:《我国传统产业信息化水平测度研究》,《情报学报》2003 年第 2 期。

王明、杨书源:《对我国信息化水平测度方法的思考》,《情报方法》2005 年第 1 期。

王培、王焱鑫、崔巍:《面板数据的因子分析》,《贵州大学学报》(自然科学版)2009 年第 6 期。

王学军、陈武:《区域智力资本与区域创新能力的关系》,《中国工业经济》2008 年第 9 期。

王瑜炜、秦辉:《中国信息化与新型工业化耦合格局及其变化机制分析》,《经济地理》2014 年第 2 期。

王远桂:《我国城市信息化指标构建及实证分析——以北京、上海、天津、重庆为例》,《生态经济》2014 年第 3 期。

王志江、郭东强:《企业信息化建设投入产出的相对有效性分析》,《运筹与管理》2001 年第 1 期。

王忠辉、朱孔来:《国家和地区信息化水平测度方法评述》,《山东工商学院学报》2006 年第 4 期。

魏珊、操志利:《中国信息化现状和合理推进》,《武汉大学学报》(哲学社会科学版)2014 年第 4 期。

魏守华:《国家创新能力的影响因素——兼评近期中国创新能力演变的特征》,《南京大学学报》(哲学、人文科学、社会科学)2008 年第 3 期。

魏守华、吴贵生、吕新雷:《区域创新能力的影响因素——兼评我国创新能力的地区差距》,《中国软科学》2010 年第 9 期。

乌家培:《信息与经济》,清华大学出版社 1993 年版。

伍虹儒:《我国区域创新能力不平衡发展现状研究》,《科技管理研究》2012 年第 17 期。

谢玉先:《中国信息化与经济增长研究》,吉林大学,2009 年。

新华社:中办、国办印发《2006—2020 年信息化发展战略》,http://www.gov.cn/jrzg/2006 – 05/08/content_ 275560. htm。

邢志强、赵秀恒:《信息化对经济增长影响的量化分析》,《运筹与管理》2002 年第 2 期。

修文群:《区域信息化的测度与评价》,《情报学报》2002 年第 2 期。

徐升华、毛小兵:《信息产业对经济增长贡献分析》,《管理世界》2004 年第 8 期。

许慧玲:《信息化水平测度及对区域经济增长影响研究》,博士学位论文,南京农业大学,2008 年。

许庆瑞:《研究、发展与技术创新管理》,高等教育出版社 2000 年版。

薛风平:《区域创新能力测评与提升机制研究》,博士学位论文,哈尔滨工业大学,2009 年。

严忠、岳朝龙、刘竹林:《计量经济学》,中国科技大学出版社 2005 年版。

尹海洁:《信息化的发展与中国产业结构及劳动力结构的变迁》,《中国软科学》2002 年第 6 期。

于伟、张彦:《山东省区域创新能力空间特征研究——基于探索性空间数据的分析》,《科技管理研究》2013 年第 4 期。

岳剑波:《信息化与信息环境管理:我国的挑战与对策》,《情报资料工作》1997 年第 5 期。

岳书敬:《中国区域研发效率差异及其影响因素——基于省级区域面板数据的经验研究》,《科研管理》2008 年第 5 期。

张恒毅:《信息化推动经济发展的机制研究》,博士学位论文,天津大学，2009 年。

张继宏、罗玉中：《国家集成创新能力评价的指标体系》，《改革》2009 年第 10 期。

张继宏、张洪辉：《国家集成创新能力评价指标体系研究——我国自主创新的一个子系统》，《技术经济与管理研究》2010 年第 3 期。

张家峰、赵顺龙：《区域技术创新能力的影响因素分析——以江浙沪两省一市为例》，《国际贸易问题》2009 年第 9 期。

张义梁、张恫酷：《国家自主创新能力评价指标体系研究》，《经济学家》2006 年第 6 期。

张营、谢永平：《学习型区域：基于信息化的区域创新系统》，《全国第八届工业工程与企业信息化学术会议论文》，2004 年。

张玉明、李凯：《中国创新产出的空间分布及空间相关性分析》，《中国软科学》2007 年第 11 期。

章文光、王晨：《外资研发与区域创新系统互动——机制分析和实证检验》，《北京师范大学学报》（社会科学版）2014 年第 11 期。

郑雨苹、张良强、郑建锋：《福建省区域科技创新能力实证评价与分析》，《科技管理研究》2010 年第 20 期。

郑云兵：《多指标面板数据的聚类分析及其应用》，《数理统计与管理》2008 年第 2 期。

郑宗生、吴述尧、何传启：《生活质量与国家创新能力的相关性分析》，《科学学与科学技术管理》2006 年第 9 期。

支军、王忠辉：《自主创新能力测度理论与评估指标体系构建》，《管理世界》2007 年第 5 期。

中国科技发展战略研究小组：《中国区域创新能力报告》，知识产权出版社 2007 年版。

周景坤、段忠贤：《区域创新环境与创新绩效的互动关系研究》，《科技管理研究》2013 年第 22 卷。

周立、吴玉鸣：《中国区域创新能力：因素分析与聚类研究——兼论区域创新能力综合评价的因素分析替代方法》，《中国软科学》2006 年第 8 期。

朱海就：《区域创新能力评估的指标体系研究》，《科研管理》2004
年第 3 期。

朱虹、娄策群：《论我国的信息化管理体制》，《情报资料工作》
2007 年第 4 期。

朱建平、陈民肯：《面板数据的聚类分析及其应用》，《统计研究》
2007 年第 4 期。

朱幼平：《论信息化对经济增长的影响》，《情报学报》1996 年第
6 期。

邹秀萍、徐增让、宋玉平：《区域包容性创新能力的测度与评价研
究》，《科研管理》2013 年第 1 期增刊。

Alessandra, C. and Paul, S., "The contribution of Information and
Communication Technologies to Economic Growth in Nine OECD Coun-
tries", *OECD Economic Studies*, No. 1, 2002, pp. 184 – 213.

Asheim, B. and Isaksen, A., "Location, Agglomeration and Innova-
tion: Towards Regional Innovation Systems in Norway", *European
Planning Studies*, Vol. 5, No. 3, 1997, pp. 299 – 330.

Bassanini, A. and Scarpetta, S., "*Does Human Capital Matter for
Growth in OECD Countries? Evidence from Pooled Mean – group Data*",
Paris: OECD Economics Department Working Papers, 2001.

Becheikh, N. R. L. and Amara, N., "Lessons from Innovation Empiri-
cal Studies in the Manufacturing Sector: A Systematic Review of the Lit-
erature from 1993 – 2003", *Technovation*, Vol. 26, 2006, pp.
644 – 664.

Capello, R., "*Spatial Economic Analysis of Telecommunication Network
Externalities*", Aldershot: Avebury Ashgate Publishing Ltd., 1994.

Castellacc, F. and Natera, J. M., "The Dynamics of National Innovation
Systems: A Panel Co – integration Analysis of the Co – evolution be-
tween Innovative Capability and Absorptive Capacity", MPRA Paper
31583, University Library of Munich, Germany, 2011.

Charles, J. , "Information Resources and Economic Productivity", *Information Economics and Policy*, No. 1, 1983, pp. 13 – 35.

Cooke, P. , "Regional Innovation Systems, Clusters and the Knowledge Economy", *Industrial and Corporate Change*, No. 10, 2001, pp. 945 – 975.

Dholakia, R. R. and Harlam, B. , "Telecommunications and Economic Development", *Telecommunications Policy*, No. 6, 1994, pp. 35 – 38.

Faber, J. and Hesen, A. B. , "Innovation Capabilities of European Nations Cross – national Analyses of Patents and Sales of Product Innovations", *Research Policy*, Vol. 33, 2004, pp. 193 – 207.

Fagerberg and Srholec, "National Innovation Systems, Capabilities and Economic Development", *Research Policy*, Vol. 37, 2008, pp. 1417 – 1435.

Florida, R. , "Towards the Learning Regional", *Future*, Vol. 27, No. 5, 1995, pp. 527 – 536.

Freeman, C. , "The National System of Innovation in Historical Perspective", *Cambridge Journal of Economics*, Vol. 19, 1995, pp. 5 – 24.

Griliches, Z. , "Patent Statistics as Economic Indicators: A Survey", *Journal of Economic Literature*, American Economic Association, Vol. 28, No. 4, 1990, pp. 1661 – 1707.

Hesen, A. , "*Determinants of Innovative Capacity*", Ph. D. Dissertation, Utrecht University, 2001.

Hitt, M. A. , Hoskisson, R. E. and Kim, H. , "International Diversification: Effects on Innovation and Firm Performance in Product – diversified Firms", *Academy of Management Journal*, Vol. 40, No. 4, 1997, pp. 767 – 798.

Hu, M. C. and Mathews, J. , "National Innovative Capacity in East Asia", Research Policy, Vol. 34, 2005, pp. 1322 – 1349.

Hua, M. C. and Mathews, J. A. , "China's National Innovative Capacity", *Research Policy*, Vol. 37, 2008, pp. 1465 – 1479.

Jeffrey L. Furman, Michael E. Porter and Scott Stern, "The Determinants of National Innovative Capacity", *Research Policy*, Vol. 31, 2002, pp. 899 – 933.

Keizer, J. A., Dijkstra, L. and Halman, J., "Explaining Innovative Efforts of SMEs, an Exploratory Survey among SMEs in the Mechanical and Electrical Engineering Sector in Netherlands", *Technovation*, Vol. 22, No. 1, 2002, pp. 1 – 13.

Keller, W., "Geographic Localization of International Technology Diffusion, *American Economic Review*", Vol. 92, No. 1, 2002, pp. 120 – 142.

Kraemer, D., "Information Technology and Productivity: Evidence from Country—level Data", *Management Science*, No. 4, 2000, pp. 53 – 56.

Love, P. E. D. and Irani, Z., "An Exploratory Study of Information Technology Evaluation and Benefits Management Practices of SMEs in the Construction Industry", *Information & Management*, Vol. 42, 2004, pp. 227 – 242.

Mahmood, M. G. et al., "Information Technology Investment and Organization Performance: A Lagged Data Analysis, Proceedings of the 1998 Resources Management Association International, 1998.

Mathews, J. A. and Hu, M. C., "Enhancing the Role of Universities in Building National Innovative Capacity in Asia: the case of Taiwan", *World Development*, No. 4, 2007, pp. 1005 – 1020.

Matti, P., "Information Technology, Productivity, and Economic Growth", New Delhi: Oxford University Press, 2001, pp. 1 – 33.

Moody, G. R., "Information Technology and the Economic Performance of the Grocery Store Industry", Working paper, 1997 March, http: //papers, ssrn, com/sol3/papers, cfm? abstract_ id = 37747.

OECD, "Description of Indicators and Method", http: //www, oecd, org/science/innovation in science technology and industry/ 41558958, pdf.

OECD, "Science, Technology and Industry: Score board of Indicators", Paris: OECD publication, 2003.

Patrick, S. K. , "Measuring Social Information: A Factor Analytic Approach ", *Sociological Inquiry*, Vol. 76, No. 2, 2006, pp. 267 – 291.

Porat, M. U. , "The information Economy: Definition and Measurement", U. S. Department of Commerce, OT Special Publication, 1977.

Raymond, L. and St. – Pierre, J. , "R&D as a Determinant of Innovation in Manufacturing SMEs: An Attempt at Empirical Clarification", *Technovation*, Vol. 30, 2010, pp. 48 – 56.

Sher, P. J. and Yang, P. Y. , "The Effects of Innovative Capabilities and R&D Clustering on Firm Performance: The Evidence of Taiwan's Semiconductor Industry", *Technovation*, Vol. 25, 2005, pp. 33 – 43.

Soete, L. , "The Impact of Technological Innovation on International Trade Patterns: The Evidence Reconsidered", *Research Policy*, Vol. 18, 1987, pp. 101 – 130.

Todtling, F. , "Regional Networks of High – technology Firms – the Case of the Greater Boston Region", *Technovation*, Vol. 14, No. 5, 1994, pp. 323 – 343.

Vahter, P. , "Does FDI Spur Productivity, Knowledge Sourcing and Innovation by Incumbent Firms? Evidence from Manufacturing Industry in Estonia", *World Economy*, Vol. 34, No. 8, 2011, pp. 1308 – 1326.

Weill, P. , "The Relationship between Investment in Information Technology and Firm Performance: A Study of the Valve Manufacturing Sector", *Information Systems Research*, No. 4, 1992, pp. 92 – 94.

Yam, C. M. et al. , "Analysis of Sources of Innovation, Technological Innovation Capabilities, and Performance: An Empirical Study of Hong Kong Manufacturing Industries", *Research Policy*, Vol. 40, 2011, pp. 391 – 402.

Yosri, A. , "The Relationship between Information Technology Expenditures and Revenue Contributing Factors in Large Corporations" Ph. D. dissertation, Walden University, 2003.

Zhang, J. and Rogers, J. D. , "The Technological Innovation Performance of Chinese Firms: the Role of Industrial and Academic R&D, FDI and the Markets in Firm Patenting", *International Journal of Technology Management*, Vol. 48, No. 4, 2009, pp. 518 – 543.